财 政 部 规 划 教 材
全国中等职业学校财经类教材

税收基础
学习指导与练习

杨则文　主编

中国财经出版传媒集团
中国财政经济出版社

图书在版编目（CIP）数据

税收基础学习指导与练习 / 杨则文主编. -- 北京：
中国财政经济出版社，2022.8
财政部规划教材　全国中等职业学校财经类教材
ISBN 978 - 7 - 5223 - 1470 - 9

Ⅰ.①税…　Ⅱ.①杨…　Ⅲ.①税收管理－中国－中等专业学校－教材　Ⅳ.①F812.423

中国版本图书馆 CIP 数据核字（2022）第 101829 号

责任编辑：苏小珺　　　　责任印制：张　健
封面设计：卜建辰　　　　责任校对：张　凡

税收基础学习指导与练习
SHUISHOU JICHU XUEXI ZHIDAO YU LIANXI

中国财政经济出版社 出版

URL：http：//www.cfeph.cn
E - mail：cfeph@cfeph.cn

社址：北京市海淀区阜成路甲 28 号　邮政编码：100142
营销中心电话：010 - 88191522
天猫网店：中国财政经济出版社旗舰店
网址：https：//zgczjjcbs.tmall.com
北京密兴印刷有限公司印刷　各地新华书店经销
成品尺寸：185mm × 260mm　16 开　9.75 印张　243 000 字
2022 年 8 月第 1 版　2022 年 8 月北京第 1 次印刷
定价：26.00 元
ISBN 978 - 7 - 5223 - 1470 - 9
（图书出现印装问题，本社负责调换，电话：010 - 88190548）
本社质量投诉电话：010 - 88190744
打击盗版举报热线：010 - 88191661　QQ：2242791300

编写说明

本书是财政部规划教材，由财政部教材编审委员会组织编写并审定，作为全国中等职业学校财经类教材使用。

编写本书的目的，是帮助学习者理解和掌握教材的内容，整理思路，启迪思维，增加练习，以全面达到国家教学标准和课程教学大纲的目的和要求。本书的编写指导思想是：

第一，重在启发、引导，对重要内容之间的逻辑关系进行提纲挈领的梳理和指引，而不是给学习者提供一本可走捷径和可用于死记硬背的教材缩写本和问答集。

第二，围绕教材的内容，但尽量不重复教材中已讲述清楚的问题，不重复教材中的语句，而是结合我们多年的教学经验，指出学习的重点、难点和应注意之处，并将教材中的主要内容以简明、有条理的方式加以概括。

第三，对教材做些拾遗补阙的工作。主要是两方面：一是对教材中讲述得比较简略的某些主要问题予以必要的补充；二是对教材中不便反映，但学生又必须了解的某些内容做必要的反映。

第四，练习注重实用性，重在训练学生对税收基础知识和税法基本概念的理解，尽量减少单纯识记的题目。因为，具有实用性的内容，才会更有利于调动学习者的积极性，激发其积极思维。

本书是在原杨则文主编，邓华丽、张玉昆参编的《国家税收（第十版）学习指导与练习》的基础上修订完成的。本次修订由广州番禺职业技术学院国家精品在线开放课程税法教学团队负责，杨则文任主编。参加编写的有：欧阳丽华（讲师、会计师）负责第四、第九章及教材统稿，杨柳（财政学博士、副教授）负责第三、第五章，陈贺鸿（副教授、注册税务师）负责第六、第八章，钟晓玲（注册会计师、注册税务师、讲师）负责第七、第十章，杨则文（教授、高级会计师、注册会计师、注册税务师）负责第一、第二、第十一章并负责对全书进行设计、修改、定稿。

用书学校任课教师若需要本书练习答案，请以电子邮件的形式向中国财政经济出版社索取（请注明：学校、全书名、版次），E-mail：caijingjiaocai@163.com。

最后，恳请各位授课教师和读者，对于书中的缺点和错误给予批评指正。编者电子邮箱：yangzewen@126.com。

编　者

2022 年 6 月

目　录

第一章

税收的概念

第一部分 学习指导

第一章和第二章是学习税收基础这门课程最基础的入门知识。第一章主要讲三个问题，分作三节：(1) 什么是税收（即税收的概念和特征）？(2) 税收是干什么的（即税收的职能）？(3) 政府为什么要征税（即税收存在的必要性）？重点是第一节和第三节。

第一节，主要掌握税收是政府凭借政治权力进行的一种分配，具有无偿性、强制性和固定性的特征，这三个特征也是税收区别于其他财政收入形式的关键。判断一种收入是否属于税收，不在于它叫什么名字，而在于它是否具有税收的三个特征。中国历史上有很多朝代的税收不叫作“税收”。

第二节，大致了解税收的三项职能。理解税收是政府实施宏观调控的一个重要杠杆（或工具），税收对于国家来说具有重要的财政、经济和社会意义。其中，财政职能是最基本的，其他两个职能是派生的。只有通过对具体税种的学习，才能更具体地领会税收的这些职能，并且还需联系税收实践来逐步加深理解。

第三节，公民为什么应当纳税，政府为什么要征税？对此，务必从理论上弄清楚其原理，从根本上领会其核心作用，树立起自觉纳税意识，加深对公共财政理论的理解。从某种意义上说，这也是爱国主义思想教育的一部分。通过这部分知识的学习，树立学生的公民意识和会计职业道德观念，为在今后的工作中保证依法申报纳税、不做假账打下理论和观念上的认识基础。

在掌握以上内容后，还要记住一个道理，即：在绝对真理的长河中，人们对于在一定发展阶段上的具体过程的认识都只具有相对的真理性；人们对于真理的认识永远也不会完结。因此，这一章所讲的一些理论问题，既不是唯一的说法，更不是终极的，今后还需不断探索。这也是学习任何一门学问所应有的态度。

第二部分　内容提要

- 税收的概念
  - 税收的含义
    - 税收是国家为了满足社会公共需要，凭借政治权力参与社会剩余产品分配，强制地、无偿地取得财政收入的一种固定征收形式
    - 具体包含
      - 属于分配范畴，是国家取得财政收入的基本形式
      - 是以国家为主体，凭借政治权力进行的分配
      - 分配的对象是剩余产品价值
      - 目的是满足社会公共需要
  - 税收的特征
    - 无偿性——指国家取得税收收入不需直接向缴纳的单位和个人付出任何代价
    - 强制性——指税收这种分配是以国家的政治权力为依托的
    - 固定性——指对什么征税和征多少税是通过法律形式事先规定的，征纳双方都必须遵守
  - 税收的职能
    - 财政职能——税收具有从社会成员和经济组织手中强制性地取得一部分收入，用以满足社会公共需要的职责和功能
    - 经济职能——税收分配过程中对经济组织和社会成员的经济行为产生影响的职责和功能
    - 社会职能——税收通过促进或阻碍生产关系变革，继而促进或阻碍社会变革，从而影响上层建筑变革方面的职责和功能
  - 税收的必要性
    - 税收是补偿公共产品价值来源的基本途径
    - 税收是实现经济稳定协调发展的重要调节手段
    - 税收是调节居民收入分配，实现共同富裕的重要保证
    - 税收是在国际经济交往中维护国家权益的重要工具

第三部分　思考与练习

一、基本概念

1. 税收

2. 税收的强制性

3. 公共产品

4. 私人产品

二、思考与讨论

1. 税收有哪些特征？它与政府各部门的收费、国家公债、国家罚没收入有什么区别？

2. 税收有哪些职能？为什么说税收是一个重要的经济调节手段？

3. 社会主义国家为什么要征税？在现阶段能否设想一种更好的方法来取代税收？

三、练习

（一）判断题

1. 税收是凭借生产资料的占有来取得收入的。（　　）
2. 在社会再生产过程中，税收属于分配范畴。（　　）
3. 征税的目的是满足统治阶级的生活需要。（　　）
4. 社会主义税收“取之于民，用之于民”的意思是说，在社会主义条件下，税收不具备无偿性。（　　）
5. 国家对需要鼓励发展的产业一般实行低税或免税政策。（　　）
6. 公共产品消费的显著特点是排斥性。（　　）
7. 一般来说，在发生通货膨胀的情况下，国家应该降低税率。（　　）
8. 在市场经济中，初次分配的过程是不公平的，但结果是公平的。（　　）

（二）单项选择题

1. 税收分配的对象主要是（　　）。

A. 社会产品　　B. 剩余产品

C. 国内生产总值　　D. 国民生产总值

2. 我国现阶段税收最主要的目的是（　　）。

A. 满足提高党的执政能力的需要　　B. 满足国家经济建设的需要

C. 满足社会公共的需要　　D. 满足对外开放的需要

3. 当经济衰退时，政府应采取（　　）的税收政策，以刺激投资和消费。

A. 降低税率　　B. 提高税率

C. 设置新税　　D. 保持税负不变

4. 税收分配的对象是指社会总产品价值构成中的（　　）部分。

A. C　　B. C + V

C. V + M　　D. M

（三）多项选择题

1. 社会需要包括下列内容（　　）。

A. 保护国家主权和领土完整　　B. 建设公共工程

C. 举办教育、文化、社会保障事业　　D. 维持社会安定秩序

2. 下列属于公共产品的有（　　）。

A. 国防　　B. 司法

C. 居民住房　　D. 商业医疗保险

3. 下列属于税收固定性表现的有（　　）。

A. 征税的依据是由法律规定的　　B. 每年应交税额是不变的

C. 计税方法是全国统一的　　D. 征收比例有一定的限度

4. 税收的基本职能包括（　　）。

A. 财政职能　　B. 经济职能

C. 社会职能　　D. 政策职能

5. 我国现阶段税收存在的必要性体现在（　　）。

A. 税收是补偿公共产品价值来源的基本途径

B. 税收是实行阶级专政的工具

C. 税收是调节居民收入分配，实现共同富裕的工具

D. 税收是实现经济稳定协调发展的重要调节手段

6. 税收的形式特征可以概括为（　　）。

A. 强制性　　B. 无偿性

C. 固定性　　D. 规范性

第二章

税收制度

第一部分　学习指导

这一章的重点是第二节。对第一、第三节的内容只要求总体上有一个基本的把握。通过本章的学习，要求能理解税法、税收制度的概念，了解我国当前税收制度的整体概况，掌握税制基本要素概念、内容和作用。

第一节，主要讲了三个问题：

1. 讲述税收制度和税法两个概念，以及两者与税收的关系，目的是要求懂得必须依法治税。政府要征税，必须事先明确一些法律规范，让大家知道向谁征税、对什么征税、征多少税、如何征、何时征等问题。

税收制度的内容主要有两个方面。其中，第一个方面是规定税收权利义务关系的实体法内容，这方面的内容分两个层次：一是不同的要素构成税种，各税种的要素主要包括纳税人、征税对象、税率、减税免税等。二是不同的税种构成税收制度。构成税收制度的具体税种主要有增值税、消费税、企业所得税、个人所得税等。第二个方面是规定税收征纳程序方面的程序法内容，所有的税种都需要有法定的征纳程序进行规范，如纳税登记、纳税申报、违法处理等。因此，税制由征税对象、纳税人、税率、减税免税、纳税期限、法律责任等要素构成。其中，征税对象、纳税人、税率是最基本的要素。

2. 讲述税收法律关系的概念、特征和要素。在税收法律关系中，既要知道征税主体一方始终是国家，国家享有单方面的征税权利；又要懂得税务机关和纳税人都是权利主体，双方的法律地位是平等的，双方的权利都受法律保护。

3. 讲述税法的类别和层次，知道税收基本法、实体法和程序法的不同内容和作用；懂得税法是由法律、法规和规章组成的一个多层次的体系，从而在实际工作中能够区别各种税收规定的适用性和法律效力，掌握低层次服从于高层次的原则。

第二节，讲述税制的构成要素。税制通过税法的形式具体规定在什么情况下对什么征税、对谁征税、征多少、在什么时间和地点征、特殊情况怎么办等问题，这些问题都有相应的税收术语，出现许多名词，这是学习以后各章的入门工具，都必须掌握。其中较为重要的是征税对象及其相关的术语，三种税率形式及其运用，减免税的实质及其形式。应注意，起征点的概念比较容易用错，现实中很多人把它与免征额混为一谈。超额累进税率与全额累进税率的联系和区别以及计算是本节难点。

第三节，讲述了五种主要和常见的税种分类，学习这些分类方法是为后面的学习做准备，其中按征税对象分类是最主要的方法。不仅要了解这些分类，还要知道各种分类的实际意义。例如，按征税对象分类，有利于自觉利用各类税种的不同特点，合理设计税制结构，以充分发挥它们各自在组织收入和对国民经济调节中的特殊作用；划分中央税、地方税、中央地方共享税，在于明确职责分工，充分调动各级政府发展经济涵养税源和组织税收收入的积极性，并有利于分级财政的确立等。

第二部分　内容提要

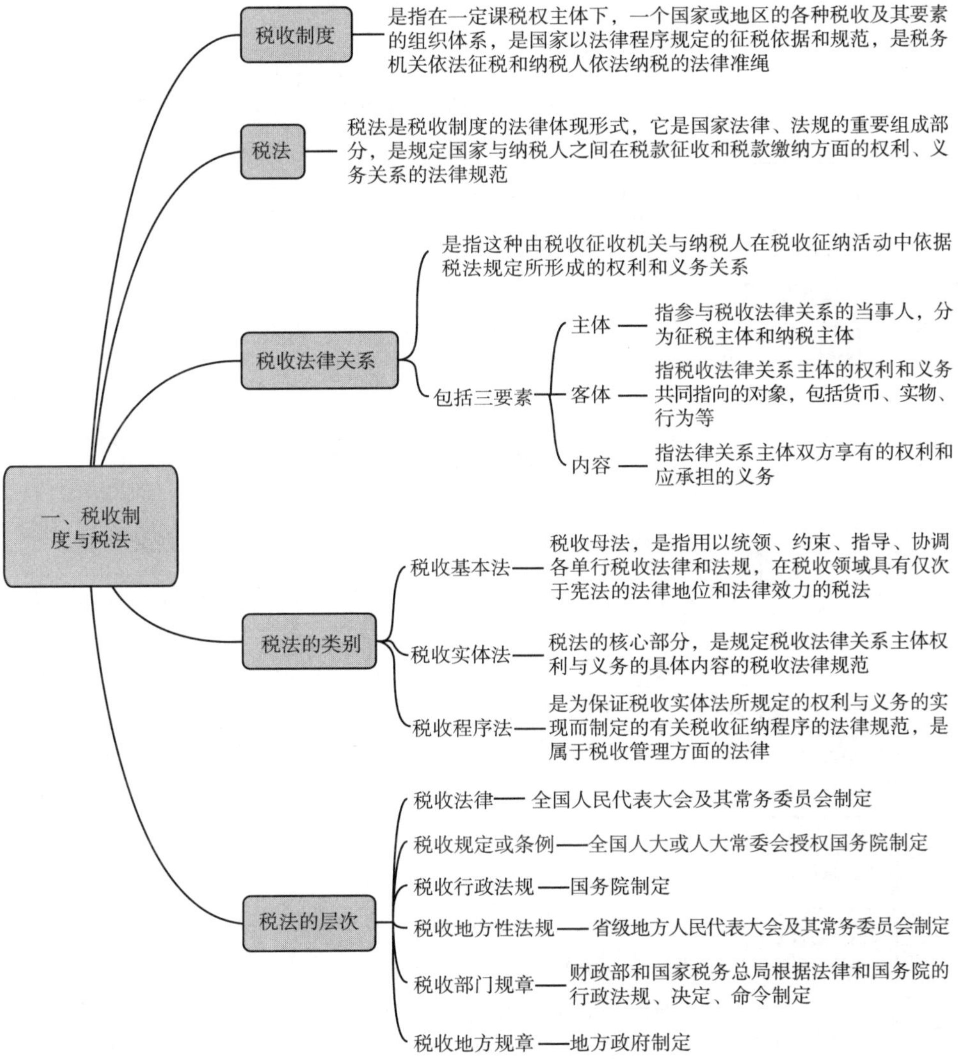

- 二、税制构成要素
  - 征税对象
    - 含义——是指对什么征税，征税所指向的客体，是税法最基本的要素，也是一种税区别于另一种税的主要标志，决定不同税种的名称和征税范围
    - 税目——在征税对象总的范围内具体规定的应当纳税的项目
    - 纳税环节——在商品流转过程中被确定应当缴纳税款的环节
    - 计税依据——根据征税对象的计税单位确定具体应税项目，计算应纳税额的数量依据
  - 纳税人——纳税义务人的简称，是指税法规定直接负有纳税义务的单位和个人，也叫纳税主体
  - 税率
    - 含义——是应纳税数额与征税对象数量之间的法定比例，它是计算税额的尺度
    - 税率的形式
      - 比例税率——对同一征税对象或其税目、细目，只规定一个比例的税率
      - 定额税率——按照征税对象的实物量直接确定一个单位的实物量应缴税款数额的税率
      - 累进税率
        - 全额累进税率——将课税对象的全部数额都按照其所适用的最高一级征税比例计税的一种累进税率
        - 超额累进税率——将课税对象按计税依据数额大小划分为若干个等级部分，并分别规定每一等级的税率，当计税依据的数额增加到需要提高一级税率时，仅就超过上一等级的部分，按高一级税率征税的税率
  - 减税、免税——根据国家政策，对某些纳税人或征税对象通过减征部分税款或免于征税而给予鼓励和照顾的一种特殊规定，包括税基式减免、税率式减免和税额式减免三种形式
  - 纳税期限——是指纳税人在发生纳税义务后，按规定应向国家缴纳税款的期限
  - 法律责任——由于违法行为而应当承担的法律后果

- 三、税收分类
  - 按征税对象分类
    - 对商品和劳务的征税——对商品和劳务的交易征收的一类税收，简称商品劳务税，也称“流转税”。目前开征的有增值税、消费税和关税
    - 对所得的征税——简称所得税。目前开征的有企业所得税、个人所得税
    - 对资源的征税——对开发、利用和占有国有自然资源的单位和个人征收的一类税收。目前开征的有资源税、耕地占用税、城镇土地使用税和土地增值税
    - 对财产的征税——对纳税人所拥有或属其支配的财产数量或价值额征收的税。目前开征的有房产税、契税、车辆购置税和车船税
    - 对行为的征税——以某些特定行为为征税对象征收的一类税收，如：印花税、城市维护建设税、烟叶税、船舶吨税和环境保护税等
  - 按税收管理和适用权限分类
    - 中央税——主要有关税、消费税
    - 地方税——主要是一些对财产和行为的课税，如：房产税、契税、车船税等
    - 中央和地方共享税——主要有增值税、企业所得税、个人所得税等
  - 按税收与价格的关系分类
    - 价内税——税收构成价格组成部分的税收
    - 价外税——税收是价格之外的附加额的税收
  - 按税负是否易于转嫁分类
    - 直接税——由纳税人直接负担的税收，如：所得税、遗产税等
    - 间接税——可以由纳税人转嫁给负税人的税收，如：增值税、消费税等
  - 按计税的标准分类
    - 从价税——以征税对象的价值量为标准计算征收的税收
    - 从量税——按征税对象的重量、件数、容积、面积等为标准，采用固定税额征收的税收

第三部分　思考与练习

一、基本概念

1. 税收制度

2. 税法

3. 税收法律关系

4. 征税对象

5. 税目

6. 税源

7. 纳税环节

8. 纳税人

9. 税率

10. 比例税率

11. 累进税率

12. 商品劳务税

13. 价内税和价外税

14. 税负转嫁

二、思考与讨论

1. 设置税目有什么作用?

2. 减税、免税的实质是什么？为什么必须严格控制减税、免税？

3. 我国当前税制结构的基本情况是怎样的?

4. 税制由哪些基本要素构成?

三、练习

（一）判断题

1. 在税收法律关系中，固有的一方主体始终是国家及其征税机关。（ ）
2. 制定税收法律法规的机关是全国人民代表大会及其常务委员会。（ ）
3. 在实行比例税率的条件下，物价上升时税负会减轻。（ ）
4. 纳税人这一概念，既包括法人，也包括自然人。（ ）
5. 从量税的税收收入不能随着价格的变化而增减。（ ）
6. 税率是反映纳税人实际负担程度的指标。（ ）
7. 征纳双方在税务行政诉讼中的法律地位是不平等的。（ ）
8. 所得税是我国现行税制的主体税种。（ ）
9. 从价计税情况下，税收收入会受到价格上下波动的影响。（ ）
10. 全额累进税率与超额累进税率相比税负比较公平。（ ）
11. 直接税是指那些比较容易发生税负转嫁的税种。（ ）
12. 《中华人民共和国企业所得税法》就法律级次而言，属于全国人大常委会授权国务院的立法。（ ）
13. 行政法规的立法目的在于保证宪法和法律的实施，国务院发布的《中华人民共和国个人所得税法实施条例》和《中华人民共和国税收征管法实施细则》等，都是税收行政法规。（ ）
14. 超额累进税率是以征税对象数额的相对率划分若干级距，分别规定相应的差别税率，相对率每超过一个级距的，对超过的部分就按高一级的税率计算征税。（ ）
15. 增值税是中央与地方共享税，由国家税务局征收75%，地方税务局征收25%。（ ）
16. 速算扣除数是按照全额累进税率计算的应纳税额与按照超额累进税率计算的应纳税额的差额。（ ）

（二）单项选择题

1. 按计税标准对税收进行分类，可以把税收分为（ ）。

A. 商品劳务税、所得税　　B. 实物税、货币税

C. 直接税、间接税　　D. 从价税、从量税

2. 下列税种中，收入完全归地方的税种是（ ）。

A. 增值税　　B. 个人所得税

C. 印花税　　D. 契税

3. 征税对象的计量单位和征税标准，即应纳税额的计算基础称为（ ）。

A. 税目　　B. 计税依据

C. 税源　　D. 税本

4. 税法构成要素中，用以区分不同税种的标志是（ ）。

A. 纳税人　　B. 征税对象

C. 税目税率　　D. 纳税环节

5. 下列税种中，不是由税务机关负责征收的有（　　）。

A. 船舶吨税　　B. 耕地占用税

C. 车辆购置税　　D. 企业所得税

6. 下列税收收入中，由中央和地方共享的税种是（　　）。

A. 企业所得税　　B. 消费税

C. 车船税　　D. 关税

（三）多项选择题

1. 税率的三大基本形式有（　　）。

A. 比例税率　　B. 累进税率

C. 定额税率　　D. 名义税率

2. 税基式减免是通过直接缩小计税依据的方式实现的减免，其具体形式有（　　）。

A. 起征点　　B. 免征额

C. 项目扣除　　D. 跨期结转

3. 下列关于起征点、免征额的说法正确的是（　　）。

A. 起征点只能照顾一部分纳税人

B. 起征点、免征额是一回事

C. 免征额可以照顾适用范围内所有纳税人

D. 达到起征点的就对其进行全额征税

E. 达到免征额的就对其进行全额征税

4. 按税收分类的不同标准，增值税属于（　　）。

A. 中央地方共享税　　B. 商品劳务税

C. 地方税　　D. 间接税

5. 由海关征收的税收收入包括（　　）。

A. 关税　　B. 增值税

C. 个人所得税　　D. 消费税

6. 下列税种属于地方税的有（　　）。

A. 房产税　　B. 车船税

C. 土地增值税　　D. 增值税

7. 由国家税务机关负责征收的税有（　　）。

A. 消费税　　B. 车辆购置税

C. 船舶吨税　　D. 耕地占用税

8. 下列税法中属于税收实体法的有（　　）。

A.《中华人民共和国个人所得税法》

B.《中华人民共和国税收征收管理法》

C.《中华人民共和国增值税暂行条例》

D.《中华人民共和国宪法》

（四）计算与分析题（要求列出计算过程）

1. 某八级超额累进税率表如表 2 – 1 所示。

表 2 – 1　　八级超额累进税率表

级数	全年应纳税所得额	税率（%）	速算扣除数
1	不超过 5 000 元的	5	
2	超过 5 000 元至 10 000 元的部分	10	
3	超过 10 000 元至 30 000 元的部分	20	
4	超过 30 000 元至 50 000 元的部分	30	
5	超过 50 000 元至 80 000 元的部分	35	
6	超过 80 000 元至 120 000 元的部分	40	
7	超过 120 000 元至 180 000 元的部分	45	
8	超过 180 000 元的部分	50	

要求：

（1）按照速算扣除数的定义计算上表各级速算扣除数，并填入表内。

（2）用计算速算扣除数的简化公式逐级验算速算扣除数。

2. 某纳税人全年应纳税所得额为 15 000 元，适用上题所列的超额累进税率表。

要求：

（1）分级计算其应纳税额。

（2）按速算扣除法计算其应纳税额，并比较两种计算方法的结果。

3. 甲、乙、丙三人分别从事个体经营，某月份取得营业收入分别为4 000元、5 000元、6 000元。

（1）假定起征点为月营业额5 000元，税率为营业额的5%。三人是否都应纳税？应纳税额各为多少？

（2）假定免征额为月营业额5 000元，税率为营业额的5%。三人是否都应纳税？应纳税额各为多少？

4. 假定某公民月工资收入6 400元，规定免征额为6 000元，适用3%的税率，其应纳税额为多少？

5. 某纳税人某次取得收入5万元，应纳税8 000元，但按规定可减征30%，计算其实际应纳税额为多少？

第三章

增 值 税

第一部分　学习指导

第三至第十章，讲述我国现行的税收实体法，这是教材的主体部分。第三至第五章主要学习增值税、消费税、关税，这些税种属于对商品和劳务的征税，通常称为商品劳务税或流转税。商品劳务税一般按商品和劳务的销售金额或销售数量计税。其中，增值税是核心税种，旨在对商品和劳务实行普遍、公平的全面覆盖征税。消费税、关税是在增值税全面征税的基础上对特殊商品或特殊领域的商品征税，在一定程度上是起配套和补充作用的。其税率、征税范围以及部分减免税规定等，都是在确立增值税主体地位的前提下围绕着建立规范化的增值税的要求设计的。从税收收入的角度来看，增值税是我国第一大税种，它的征收贯穿于商品流通的各个环节，是一个重点税种，须重点掌握。

学习税收实体法主要应该掌握在什么情况下要缴税，谁来缴税，缴什么税，税款怎么计算，如何申报，等等。

在税制构成的各个要素中，各税种的征税对象、征税范围、计税依据，涉及征税的广度，是判定相关经济行为是否征税和按什么计算应缴税金的依据，具有重要的意义；各税的纳税人，是涉及各方利益的关键，在商品劳务税中，一般是谁有征税范围的业务，谁就是纳税人，通常掌握的难度不大，但是增值税涉及一般纳税人和小规模纳税人划分等因素，有一定特殊性；税率是税制的核心，决定征税的深度，对于税收立法来说很重要，但对征收机关和纳税人而言，依税率执行就可以了；减税免税直接关系到纳税人的利益，但减免规定往往比较具体而且变动相对频繁，学习时一般掌握主要规定就可以了；各税种学习时也要注意纳税义务发生时间、纳税期限、纳税地点等要素。

在税收实体法各税种的学习中，正确计算各税种的应纳税额，无疑是最重要的。归根结底，保证财政收入始终是税收最根本、最重要的职能，税制的设计和税收工作的核心，是为了各项税收及时、准确、足额上缴。

增值税是以增值额为征税对象。增值额，是指企业或者其他经营者从事生产经营或者提供劳务，在购入的商品或者取得劳务的价值基础上新增加的价值额。可以从以下几个方面理解：

1. 从理论上讲，增值额相当于商品价值 C + V + M 中的 V + M 部分。增值额是劳动者新创造的价值，从内容上讲，大体相当于净产值或国民收入。

2. 就一个生产单位而言，增值额是这个单位商品销售收入额或经营收入额扣除购进项目转移价值后的余额。这个余额，大体相当于该单位或劳动新创造的价值。

3. 就一个商品的生产经营全过程来讲，不论其生产经营经过几个环节，最后的销售总值，应等于该商品从生产到流通的各个环节的增值额之和，即商品最后销售价格等于各环节增值额之和。

我国现行增值税并不是先用销售收入减除购进项目金额算出增值额，再乘以税率来计算应纳税额的所谓“扣额法”；而是采用以销售收入乘以税率算出销项税额，然后减除购进项目已经缴纳的增值税额的“扣税法”。“扣税法”比“扣额法”能够更好地用专用发票全过程反映税款抵扣链条，便于税收征收管理和纳税人计算缴纳税款。

第二部分　内容提要

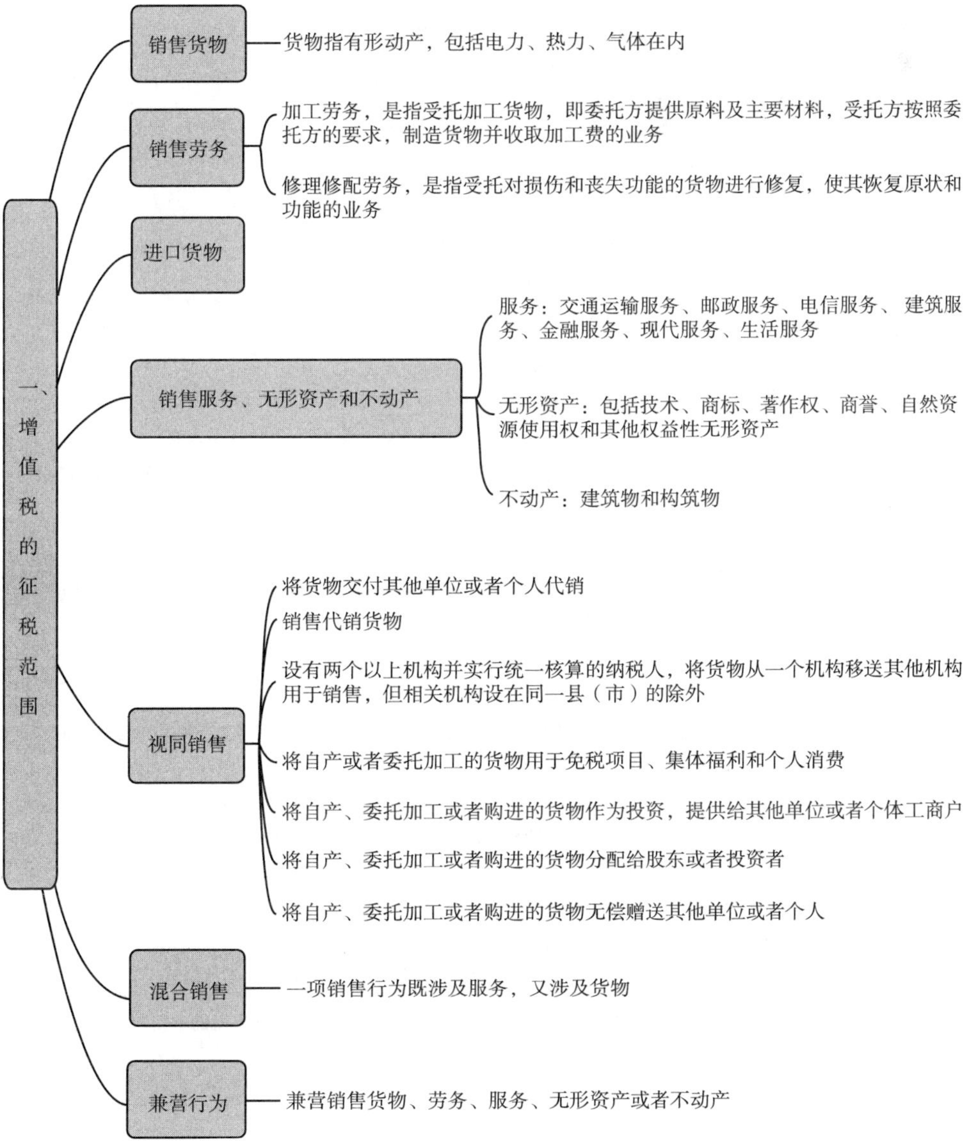

- 二、增值税的纳税人
  - 在我国境内销售货物、服务、无形资产或者不动产，提供加工、修理修配劳务，以及进口货物的单位和个人
  - 一般纳税人
    - 年销售额超过500万元
    - 年销售额在500万元及以下，会计核算健全
  - 小规模纳税人
    - 年销售额在500万元及以下，且会计核算不健全
    - 年应税销售额超过小规模纳税人标准的其他个人
    - 不经常发生应税行为的单位（可选择）

- 三、增值税的税率
  - 基本税率13%
    - 销售或者进口货物（适用低税率除外）
    - 提供加工、修理修配劳务
    - 有形动产租赁服务
  - 低税率9%
    - 粮食、食用植物油、食用盐
    - 自来水、暖气、冷气、热水、煤气、石油液化气、天然气、沼气、居民用煤炭制品
    - 图书、报纸、杂志
    - 饲料、化肥、农药、农机、农膜
    - 提供交通运输服务、邮政服务、基础电信服务、建筑服务、不动产租赁服务，销售不动产，转让土地使用权
  - 低税率6%
    - 现代服务业(租赁服务除外)、增值电信服务、金融服务、生活服务、销售无形资产（转让土地使用权除外）
  - 零税率
    - 出口货物，提供国际运输服务，提供航天运输服务，向境外单位提供的完全在境外消费的相关服务
  - 征收率
    - 3%
      - 小规模纳税人销售货物，销售加工、修理修配劳务，销售服务，销售无形资产
      - 一般纳税人选择简易计税
    - 5%
      - 小规模纳税人销售不动产、不动产租赁、土地租赁
      - 一般纳税人转让或出租2016年4月30日前取得的不动产及土地

四、销项税额的计算

- 销项税额=销售额×税率=含税销售额÷（1+税率）×税率
- 销售额，包括向购买方收取的除销项税额外的全部价款和价外费用
- 折扣折让
  - 折扣销售（商业折扣）——销售额和折扣额在同一张发票金额栏上分别注明，可按折扣后余额征税；否则，按原价征税
  - 销售折扣（现金折扣）——现金折扣不得从销售额中减除
  - 销售折让——开具红字发票，可以从销售额中减除
- 以旧换新
  - 一般货物——按新货物同期销售价格确定，不得扣减旧货物的收购价格
  - 金银首饰——可按销售方实际收取的不含增值税的全部价款征收增值税
- 以物易物
  - 双方均作购销处理
  - 注意：应分别开具合法票据
- 包装物押金
  - 一般货物——如单独记账核算，时间在1年以内又未逾期的，不并入销售额征税；因逾期未收回包装物不再退还押金的，应并入销售额征税
  - 啤酒、黄酒外的其他酒类产品——无论是否返还以及会计上如何核算，均应并入当期销售额征税
- 视同销售
  - 按纳税人最近时期同类货物、同类服务、无形资产或者不动产的平均价格
  - 按其他纳税人最近时期同类货物、同类服务、无形资产或者不动产的平均价格
  - 按组成计税价格：组成计税价格=（成本+利润）÷（1-消费税比例税率）

五、可抵扣的进项税额

- 取得的增值税专用发票上注明的增值税额
- 取得的海关进口增值税专用缴款书上注明的增值税额
- 取得的代扣代缴税款的完税凭证上注明的增值税额
- 农产品
  - 取得的增值税专用发票上注明的税额
  - 取得的海关进口增值税专用缴款书上注明的税额
  - 从小规模纳税人处购进并取得专用发票的，以发票金额和9%的扣除率计算
  - 取得销售发票或收购发票的，以买价和9%的扣除率计算
  - 上述购进如用于生产13%税率的货物，按10%的扣除率计算
- 收费公路通行费
  - 道路通行费：增值税电子普通发票上注明的增值税额
  - 桥、闸通行费：通行费发票上注明的金额÷(1+5%)×5%
- 国内旅客运输服务
  - 取得增值税电子普通发票上注明的税额
  - 航空旅客运输进项税=（票价+燃油附加费）÷（1+9%)×9%
  - 铁路旅客运输进项税=票面金额÷（1+9%）×9%
  - 公路、水路等进项税=票面金额÷（1+3%）×3%
- 税控设备
  - 初次购买支付的价税合计额
  - 技术维护费

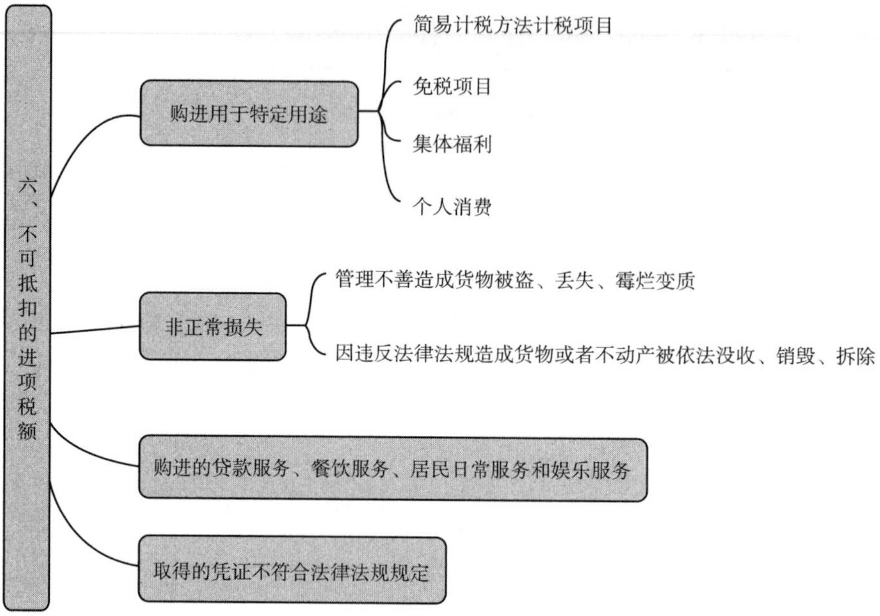

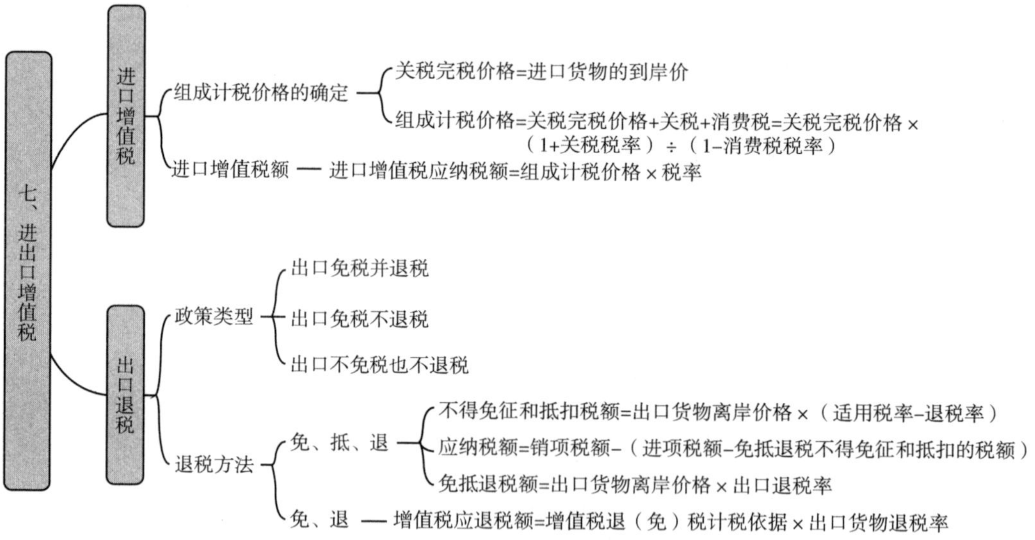

第三部分　思考与练习

一、基本概念

1. 增值额

2. 增值税

3. 销项税额

4. 进项税额

二、思考与讨论

1. 增值税制有什么优点?

2. 增值税一般纳税人和小规模纳税人在计税上有何异同?

3. 增值税纳税人的混合销售与兼营有何不同？它们各自如何计税？

4. 增值税专用发票有什么重要作用？

5. 假定某件货物从生产到零售依次经过甲、乙、丙、丁、戊五个企业。其中，甲企业生产原材料，并假定没有购进和消耗劳动对象；乙企业从甲企业购进原材料，生产半成品；丙企业从乙企业购进半成品生产最终产品，然后卖给批发企业丁；戊企业从丁企业进货零售，直接卖给消费者。这一货物适用13%的税率，各企业的含税销售收入（含增值税额）、销售额（不含增值税额）、销项税额、进项税额和应纳税额数据如表3－1所示。

表3－1　各企业数据

企　业	含税销售收入（元）	其中		进项税额（元）	应纳税额（元）	增值额（元）
		销售额（元）	销项税额（元）			
甲	1 130	1 000	130	0	130	1 000
乙	1 582	1 400	182	130	52	400
丙	2 147	1 900	247	182	65	500
丁	2 486	2 200	286	247	39	300
戊	2 712	2 400	312	286	26	200
合计					312	2 400

根据以上资料，分析各生产经营环节之间销售额、增值额、销项税额、进项税额、应纳税额之间的相互关系，理解增值税的基本原理，并了解各环节的税负是怎样最终转嫁给消费者的。

三、练习

（一）判断题

1. 一般纳税人和小规模纳税人销售农机、化肥，适用9%的低税率。（　　）

2. 纳税人兼营销售货物、劳务、服务、无形资产或者不动产，统一适用13%比例税率。（　　）

3. 增值税征收率只适用于小规模纳税人，不适用于一般纳税人。（　　）

4. 农业生产者销售的自产农业产品，包括种植业、养殖业、林业、牧业和水产业生产的各种初级产品免征增值税。（　　）

5. 某增值税纳税人用当月领用外购原材料的30%制成产品实现销售，则计算其销售产品的应纳增值税时，只允许抵扣外购原材料30%的进项税额。（　　）

6. 现行增值税出口货物退税率与增值税税率不完全相同。（　　）

7. 纳税人采取折扣销售方式销售货物，如果销售额和折扣额在同一张发票上分别注明的，可按折扣后的余额作为销售额计算增值税；如果将折扣额另开发票，不论其在财务上如何处理，均不得从销售额中减除折扣额。（　　）

8. 增值税规定的纳税期限分别为1日、3日、5日、10日、15日或1个月。（　　）

9. 非固定业户到外县（市）销售货物或应税劳务，未向销售地主管机关申报纳税的，由其机构所在地或居住地主管税务机关补征税款。（　　）

10. 除试点范围外，增值税专用发票只限于增值税一般纳税人领购使用，增值税小规模纳税人和非增值税纳税人不得领购使用。（　　）

11. 现行增值税税率有13%、9%、6%和出口应税货物适用的零税率。（　　）

12. 增值税纳税人既从事货物销售，又从事劳务销售，这属于混合销售行为。（　　）

13. 进口增值税应税货物，按照组成计税价格和适用税率计算应纳税额；其适用税率，一般纳税人为13%或9%，小规模纳税人为3%。（　　）

14. 增值税一般纳税人销售货物或提供应税劳务，只能向购买方开具增值税专用发票，不能开具普通发票。（　　）

15. 纳税人购进固定资产，其进项税额不得从销项税额中抵扣；纳税人销售固定资产，也无须计算收取增值税款。（　　）

16. 规定视同销售货物的进项税额，凡有合法抵扣凭证的，准予从销项税额中抵扣。（　　）

17. 增值税是价外税，但日常生活中，消费者到商店购物付款，则一并支付了该货物的增值税税款。（　　）

（二）单项选择题

1. 下列属于增值税应税货物的是（　　）。

A. 土地　　B. 交通运输

C. 自来水　　D. 无形资产

2. 下列进项税额不准予抵扣的是（　　）。

A. 自产的货物用于本企业幼儿园　　B. 自产的货物用于非应税项目

C. 委托加工的货物发给职工个人　　D. 购进的货物用于免税项目

3. 某企业本月将自产的一批生产成本为 10 万元（耗用上月外购材料 7.5 万元）的食品发给职工，则下列说法正确的是（　　）。

A. 应反映销项税额 1.87 万元
B. 应反映销项税额 1.3 万元
C. 应反映应纳税额 1.3 万元
D. 应转出进项税额 0.975 万元

4. 关于在不同销售方式下确定计征增值税的销售额，下列说法中正确的是（　　）。

A. 采取折扣方式销售货物的，如果销售额和折扣额在同一张发票上分别注明，可按折扣后的余额作为计税销售额
B. 采取以旧换新方式销售货物的，应按新货物的同期销售价格扣减旧货物的收购价格作为计税销售额
C. 采取还本销售方式销售货物的，可以从销售额中减除还本支出
D. 采取以物易物方式销售的，如未发生补价，则无计税销售额

5. 依据增值税的有关规定，销售下列产品的不作价随同货物出售，而是另外收取，并单独记账核算的包装物押金，可以不并入当期销售额征税的是（　　）。

A. 白酒
B. 果木酒
C. 黄酒
D. 酒精

6. 甲企业（增值税一般纳税人）销售自己使用过且未抵扣进项税额的小汽车 1 辆，原价 46 万元，售价 52 万元，则甲企业该销售货物应纳增值税为（　　）万元。

A. 1.01
B. 1.07
C. 8.84
D. 7.55

7. 下列项目中，不应并入销售额计算征收增值税的是（　　）。

A. 代垫款项
B. 向购买方收取的全部价款
C. 包装物租金
D. 受托方加工应征消费税的消费品所代收代缴的消费税

8. 下列项目免征增值税的是（　　）。

A. 销售食用盐
B. 直接用于科学研究、科学试验和教学的进口仪器、设备
C. 农业生产者销售的自产农产品
D. 销售自己使用过的物品

9. 增值税一般纳税人支付的运费中（可取得增值税专用发票），不允许抵扣进项税额的是（　　）。

A. 销售生产设备支付的运输费用
B. 外购生产材料支付的运输费用
C. 外购装修职工浴室使用的建筑材料支付的运输费用
D. 向小规模纳税人购买农业产品支付的运输费用

10. 某境外公司为我国境内 B 公司提供技术咨询服务，含税价款为 150 000 元，该境外公司在我国境内未设立经营机构，则 B 公司应当扣缴的增值税税额为（　　）元。

A. 8 490.57
B. 9 000
C. 9 540
D. 9 574.47

（三）多项选择题

1. 境内销售货物是指货物的（　　）在境内。

A. 起运地　　B. 销售地

C. 所在地　　D. 生产地

2. 下列视同销售行为，征收增值税的有（　　）。

A. 将货物交付他人代销

B. 将自产、委托加工或购买的货物作为投资，提供给其他单位或个体经营者

C. 将购买的货物用于非应税项目

D. 设有两个以上机构并实行统一核算的纳税人，在同一县（市）将货物从一个机构移送其他机构用于销售

3. 下列项目即使取得增值税专用发票，其进项税额也不得从销项税额中抵扣的有（　　）。

A. 销售免税货物的运输费用

B. 将购买的货物无偿赠送他人

C. 用于非增值税应税项目、免征增值税项目、集体福利或者个人消费的购进货物或者应税劳务

D. 非正常损失的购进货物

4. 下列货物中，免征增值税的有（　　）。

A. 农民销售自养的生猪

B. 食品公司收购后销售的生猪

C. 农场销售自产的水果

D. 农村乡镇企业以当地自产的水果加工生产销售的水果罐头

5. 下列行为应征收增值税的有（　　）。

A. 自来水公司供应自来水

B. 供销部门销售农副产品

C. 邮政部门销售信封、信纸和集邮商品

D. 生产企业以自己的产品与另一企业换取原材料

6. 将取得专用发票的购进货物用于下列项目，其进项税额准予抵扣的有（　　）。

A. 用于生产增值税应税产品　　B. 作为一部分利润分配给股东

C. 赠送给当地体育运动会　　D. 作为对外投资

7. 纳税人销售或进口下列货物，适用增值税税率 9% 的有（　　）。

A. 图书、报纸、杂志　　B. 粮食、食用植物油

C. 居民生活必需品　　D. 非金属矿采选产品

8. 我国现行增值税的征税范围包括（　　）。

A. 销售的货物　　B. 进口的货物

C. 受托加工的货物　　D. 提供修理修配劳务

9. 下列销售行为中，属于 9% 税率范围的是（　　）。

A. 小规模纳税人销售货物　　B. 提供交通运输服务

C. 销售不动产　　D. 销售粮食、食用植物油

10. 纳税人发生视同销售货物行为而无销售额，税务机关有权核定其销售额，其核定依据可以是（　　）。

A. 纳税人最近时期同类货物的平均销售价格

B. 纳税人最近时期同类货物的最高销售价格

C. 其他纳税人最近时期同类货物的平均销售价格

D. 组成计税价格

11. 下列情形中，不得开具增值税专用发票的有（　　）。

A. 向消费者个人销售货物或者应税劳务

B. 销售货物或者应税劳务适用免税规定

C. 小规模纳税人销售货物或者应税劳务

D. 将货物无偿赠送他人用于集体福利

12. 下列适用增值税零税率的国际运输服务包括（　　）。

A. 我国某船运公司将货物自我国运往英国

B. 我国某船运公司将货物自英国运往我国

C. 我国某船运公司将货物自英国运往美国

D. 英国某船运公司将货物自英国运往我国

E. 英国某船运公司将货物自我国运往英国

（四）计算题

1. 某增值税一般纳税人的含税收入是 226 000 元，增值税税率 13%。

要求：计算其销售额和销项税额。

2. 某纳税人 1 月业务：

（1）销售甲产品 50 万元，在该发票上注明 9 折销售，实收价款 45 万元；

（2）1 月 2 日销售乙产品 60 万元，合同付款条件 10/10、5/20、n/30，购买方 1 月 5 日付款；

（3）销售丙产品 100 箱，价款每箱 1 万元，另赠送丙产品 2 箱。

要求：计算其销售额。

3. 某食品厂（增值税一般纳税人）中秋节将本厂生产的月饼100箱分给职工，该月饼的生产成本是1 000元/箱。当月，该厂销售同类月饼三批：第一批500箱，每箱售价1 500元；第二批600箱，每箱售价1 450元；第三批800箱，每箱售价1 400元。

要求：计算该厂当月分给职工的月饼的销售额和销项税额。

4. 某厂为增值税一般纳税人，某月有如下业务：

（1）向农民收购玉米，价款50.8万元，另支付玉米运费3 000元（不含税价）；

（2）进口一台生产设备，海关进口增值税专用缴款书上注明增值税2.7万元，并支付国内运费500元（不含税价）；

（3）销售白酒2吨，销售额20万元，支付运费1 500元（不含税价）。

要求：上述业务均取得增值税扣税凭证，计算其进项税额。

5. 永泰服装厂为增值税一般纳税人。该公司2月发生以下经济业务：

（1）外购生产用布料，取得的增值税专用发票注明不含税价款为40万元，运输单位开具的货运发票注明的运费金额为1万元，增值税专用发票已通过认证；

（2）销售服装，取得含税销售价款90.4万元。

要求：计算该厂当月应纳增值税。

6. 某工厂为增值税C类一般纳税人，本月发生下列业务：

（1）购入生产用A材料，专用发票注明买价300万元，增值税39万元，普通发票注明运费20万元；

（2）购入辅料，普通发票注明价款共45.2万元；

（3）购入用于职工福利的B材料，专用发票注明买价200万元，增值税26万元；

（4）购入生产用C材料，含增值税买价113万元，材料已到，取得增值税专用发票尚未到税务机关认证；

（5）购入生产用D材料，专用发票注明买价500万元，增值税65万元，因管理不善发生火灾，损失40%；

（6）购进生产用设备一台，价款20万元，增值税2.6万元，增值税专用发票注明运费500元。

要求：计算当月允许抵扣的进项税额。

7. 某商业零售企业为增值税小规模纳税人，10月购进货物取得普通发票，共计支付金额12 000元；本月内销售货物取得零售收入共计20 600元。

要求：计算该企业当月应缴纳的增值税。

8. 某机械厂某月发生如下经济业务：

（1）销售车床10台，开出增值税专用发票，标明的单价为1 000元；另外，开出普通发票收取优质费2 260元，收到转账支票一张；

（2）销售并发出已预收货款1 300元的矿山设备一台，含税销售额为11 300元，余款1万元于3个月后结清；

（3）销售电机30台，每台不含税价0.7万元，开出增值税专用发票，另外收取包装费和售后服务费3万元，开出普通发票一张。

要求：计算该厂当月销项税额。

9. 某商贸公司是增值税一般纳税人，并具有进出口经营权，某月从国外进口小轿车一辆，关税完税价格 49 万元，关税 9.8 万元，消费税 51 130.43 元。

要求：计算小轿车进口环节应缴纳的增值税。

10. 某商场为增值税一般纳税人，某月发生以下购销业务：

（1）购入服装两批，均取得税控增值税专用发票。两张专用发票上注明的货款分别为 20 万元和 36 万元，进项税额分别为 2.6 万元和 4.68 万元。其中，第一批货款 20 万元的专用发票没有通过税务机关的认证，第二批货款 36 万元的专用发票经过了税务机关的认证。另外，先后购进这两批货物时已分别支付两笔运费 0.26 万元和 4 万元，取得承运单位开具的专用发票，并通过税务机关的比对。

（2）批发销售服装一批，取得不含税销售额 18 万元，采用委托银行收款方式结算，货已发出并办妥托收手续，货款尚未收回。

（3）零售各种服装，取得含税销售额 39.55 万元，同时将零售价为 1.695 万元的服装作为礼品赠送给了顾客。

（4）采取以旧换新方式销售家用电脑 20 台，每台零售价 6 780 元，支付顾客每台旧电脑收购款 500 元，即实际收款每台 6 280 元。

要求：计算该商场当月应缴纳的增值税。

11. 某工业企业为增值税一般纳税人，5 月有关会计资料如下：

（1）采用交款提货方式销售货物 200 万元，并开具增值税专用发票；

（2）以折扣方式销售货物销售额为 120 万元，另开红字专用发票折扣 20 万元；

（3）当月采购材料取得的专用发票上注明的价款为 100 万元，货款已付，但发票当月没有认证；

（4）从农民手中购入棉花，作为本企业的原料，支付价款 11 万元，运输费 1 万元；

（5）从国外购进一台机器，价款为 5 万美元，海关代征进口环节的增值税 7 万元，取得海关进口增值税专用缴款书。

要求：计算该企业当月应缴纳的增值税。

12. 某增值税一般纳税人，9 月发生如下业务：

（1）购进并入库原材料一批，取得增值税专用发票，进项税额为 12 万元；

（2）支付入库货物运输费，运输费金额为 2 万元；

（3）销售产品，开具增值税专用发票，销售额为 800 万元；

（4）采用以旧换新方式向消费者销售产品，收入 30 万元（已扣除收购旧货 2.76 万元）；

（5）购进广告性礼品，专用发票注明价款 10 万元，增值税 1.3 万元，已分送客户。

要求：当月取得的发票都已认证，计算企业当期应缴纳的增值税。

13. 某农机厂 1 月发生下列业务：

（1）购入农机专用零件一批，取得增值税专用发票，注明不含税价款 10 万元；

（2）购入电吹风 100 个，取得增值税专用发票，注明价款 1 万元，增值税 1 300 元；

（3）将 50 个电吹风奖励单位工会先进分子，50 个作为春节小礼品赠送采购方的人员；

（4）接受其他农机厂委托代加工专用农机一台，对方提供材料价值 4 000 元，本厂收取加工费 2 000 元；

（5）销售农机取得不含税收入 12 万元。

要求：计算该企业当月应缴纳的增值税。

14. 某药厂4月发生如下业务：

（1）购进抗菌原料药，专用发票注明价款2万元，增值税2 600元；

（2）购进隔离工作服，专用发票注明价款1万元，增值税1 300元；

（3）销售“抗菌1号”药品10箱，取得不含税收入10万元；

（4）将“抗菌1号”药品1箱发给职工，成本5 000元；

（5）销售免税药品11 000元。

要求：专用发票已认证，计算当期应缴纳的增值税。

15. 某县城玩具厂为增值税一般纳税人，本月发生以下业务：

（1）销售一批玩具，取得不含税价款100万元；

（2）销售一批绒毛布料价税合计收取2.26万元；

（3）为一活动加工定做吉祥物，收取加工费3万元，税金0.39万元；

（4）付水电费取得专用发票上注明税金0.4万元，发票已认证；

（5）购进原料，认证专用发票上的税金2.9万元，货已入库；

（6）零售边角料取得现金收入0.5万元；

（7）售货时，支付铁路部门运输费0.6万元，已取得运输部门专用发票；

（8）用一批滞销玩具向小规模纳税人换取了一批玩具填充物，该批玩具账面成本0.8万元；

（9）售给小规模纳税人一批玩具，开具的普通发票的价款1万元；

（10）上期留抵税额2万元。

要求：计算玩具厂应缴纳的增值税。

16. 某机械厂为增值税一般纳税人，生产车床。10 月发生经济业务如下：

（1）外购机油，取得并认证增值税专用发票，货价金额为 2 万元，税额 2 600 元；

（2）销售车床 6 台，开具增值税发票，每台不含税单价为 12 万元；

（3）销售给小规模纳税人机器零件，开具普通发票金额为 11 000 元；

（4）工会组织演出领取机油，账面成本 200 元。

要求：计算该厂 10 月应缴纳的增值税。

17. 某企业兼有货物生产和技术服务业务，是增值税一般纳税人。2022 年 7 月底，留抵税额 32 万元。该企业 8 月销售货物金额（不含税，下同）200 万元；购入生产货物的原材料金额 150 万元，取得了增值税专用发票；购入送货用三轮摩托车 10 台，每台金额 2 万元，取得的增值税专用发票注明价款 20 万元；当月提供技术服务收取服务费金额 20 万元，为提供技术服务发生进项税 0. 8 万元。

要求：计算该企业当期应缴纳的增值税。

第四章

消 费 税

第一部分 学习指导

本章以消费税的征税范围和计算为重点，同时要特别注意征税项目、税率、纳税环节和计税的特殊规定。

在第一节中，应注意掌握以下要点：

1. 征税范围不仅要知道15个税目，还需了解各税目的具体内容（即征税范围的注释），同时需掌握视同销售的规定。

2. 税率，要注意它在烟、酒等一些稍为复杂情况下的运用。其中贯穿始终的一条原则是，对不能确定征税子目和适用税率的应税消费品、原料无法确定或以多种原料混合生产的应税消费品，一律从高适用税率。

3. 消费税实行单环节征税，这是消费税与增值税的区别之一。其纳税环节一般是纳税人生产销售应税消费品的环节。消费税一般选择在生产销售环节征税，而不是在零售消费环节征税，是因为前者可以减少纳税人的数量，降低征收费用和税源流失风险，保证税款的及时入库；同时，也符合消费者的消费习惯。在确定基本纳税环节的同时，考虑应税消费品经营情况的不同，为平衡税负，便于征管，对自产自用、委托加工、进口应税消费品的纳税环节又作了特殊规定。其中，委托加工应税消费品一般由受托方于委托方提货时代收代缴税款。对少数税目规定在批发、零售环节征税。

第二节，重点掌握消费税的计算。

消费税是价内税，也就是说消费税税额是价格的一个组成部分，应税消费品的销售价格是含消费税的（但不含增值税税额）。由于消费税实行从价定率、从量定额或从价定率与从量定额相结合的征收方法，因此计税依据分为两大类，一是应税消费品的销售（移送、进口）数量；二是应税消费品的销售额。在没有同类应税消费品销售价格的情况下，须按组成计税价格计税。三个组成计税价格的公式有一个共同点，即分母均为（1－消费税税率）。其实质是将不含消费税的价格（即只含成本和利润或相当于成本和利润的价格）换算为含消费税的价格，使组成计税价格＝成本＋利润＋消费税税额。这与含增值税的销售额换算为不含税的销售额正好相反。

第二部分　内容提要

- 一、消费税征税范围
  - 高档和奢侈品：贵重首饰及珠宝玉石、高档化妆品、高尔夫球及球具、高档手表、游艇
  - 资源消耗型产品：成品油、木制一次性筷子、实木地板
  - 高能耗消费品：摩托车、小汽车
  - 过度消费对人类健康不利的消费品：烟、酒
  - 其他消费品：鞭炮焰火、涂料、电池
- 二、消费税纳税人
  - 在我国境内生产、委托加工和进口应税消费品的单位和个人
  - 包括
    - 生产销售除金银首饰、钻石及钻石饰品、铂金首饰以外的应税消费品的单位和个人
    - 零售金银首饰、钻石及钻石饰品、铂金首饰的单位和个人
    - 委托加工应税消费品的单位和个人
    - 进口应税消费品的单位和个人
    - 批发卷烟的单位和个人
    - 零售超豪华小汽车的单位和个人
- 三、消费税税率
  - 比例税率：从价征收的消费品实行差别比例税率，如高档化妆品（15%）、高档手表（20%）、木制一次性筷子（5%）等
  - 定额税率：从量征收的消费品，实行定额税率，如啤酒（250元/吨或220元/吨）、黄酒（240元/吨）
  - 复合税率：实行从价和从量复合征税，如白酒（20%加0.5元/500克）、卷烟（56%或36%加0.003元/支）
- 四、应纳税额的一般计算
  - 从价计征
    - 计税依据为应税消费品的销售额
    - 应纳税额=销售额×比例税率
  - 从量计征
    - 计税依据为应税消费品的数量
    - 应纳税额=销售数量×单位税额
  - 复合计征
    - 从量定额和从价定率相结合的混合计算方法
    - 应纳税额=销售额×比例税率+销售数量×单位税额

- 五、视同销售应税消费品应纳税额的计算
  - 用于换取生产资料和消费资源、投资入股和抵偿债务等方面的应税消费品，以纳税人同类应税消费品最高销售价格为计税依据
  - 用于生产非应税消费品、在建工程等
    - 按纳税人当月同类消费品的销售价格计算
    - 按同类消费品上月或最近月份销售价格计算
    - 按组成计税价格计算
      - 从价计税：组成计税价格=（成本+利润）/（1-比例税率）
      - 复合计税：组成计税价格=（成本+利润+自产自用数量×定额税率）/（1-比例税率）

- 六、外购已税消费品生产应税消费品应纳税额的计算
  - 纳税人外购已税消费品生产应税消费品，仍以纳税人的销售额为计税依据，但允许从应纳税额中扣除当前生产领用的外购已税消费品的已纳税额
  - 可以扣除原料已纳消费税税款的范围包括
    - 外购已税烟丝生产的卷烟
    - 外购已税高档化妆品生产的化妆品
    - 外购已税珠宝玉石生产的贵重首饰及珠宝玉石
    - 外购已税鞭炮、焰火生产的鞭炮、焰火
    - 外购已税摩托车生产的摩托车
    - 外购已税杆头、杆身和握把为原料生产的高尔夫球杆
    - 外购已税木制一次性筷子为原料生产的木制一次性筷子
    - 外购已税实木地板为原料生产的实木地板
    - 外购已税汽油、柴油、石脑油、润滑油、燃料油为原料生产的应税消费品
  - 准予抵扣已纳消费税税款
    - 从价定率计税 — 当期准予扣除的外购应税消费品已纳税款=当期准予扣除的外购应税消费品买价×外购应税消费品适用税率
    - 从量定额计税 — 当期准予扣除的外购应税消费品已纳税款=当期准予扣除的外购应税消费品数量×外购应税消费品单位税额

- 七、委托加工应税消费品应纳税额的计算
  - 由受托方在向委托方交货时代收代缴税款
    - 按照受托方同类消费品的销售价格计税
    - 按照组成计税价格计税
      - 从价计税：组成计税价格=（材料成本+加工费）/（1-比例税率）
      - 复合计税：组成计税价格=（材料成本+加工费+委托加工数量×定额税率）/（1-比例税率）
  - 直接出售
    - 以不高于受托方的计税价格出售不再征收消费税
    - 以高于委托方的计税价格出售
      - 需要申报缴纳消费税
      - 准予扣除委托方已代收代缴的消费税
      - 准予扣除的范围与外购已税消费品生产应税消费品相同
  - 连续生产应税消费品
    - 准予从应纳税额中按照当期生产领用数量计算扣除已纳消费税税额
    - 当期准予扣除的委托加工应税消费品已纳税款=期初库存的委托加工应税消费品已纳税款+当期收回的委托加工应税消费品已纳税款-期末库存的委托加工应税消费品已纳税款

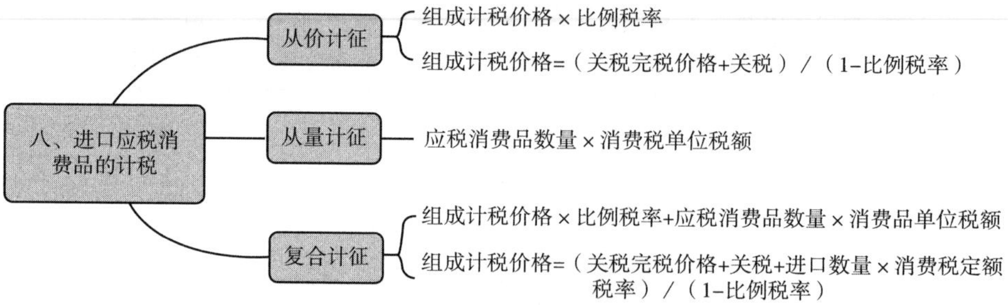

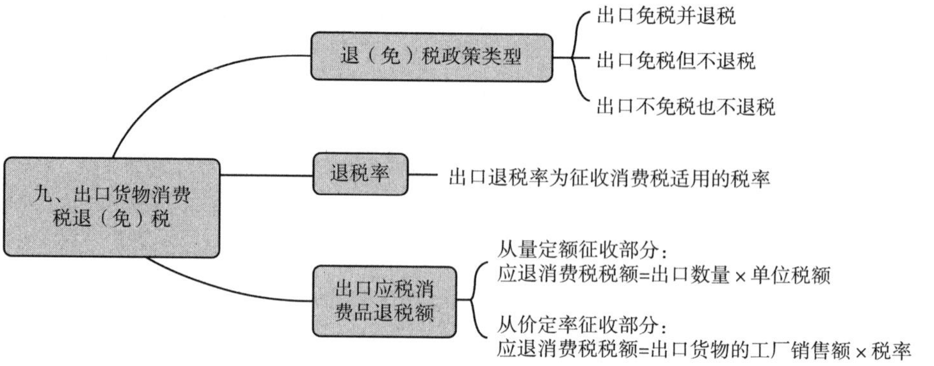

第三部分　思考与练习

一、基本概念

1. 消费税

2. 委托加工产品

3. 超豪华小汽车

二、思考与讨论

1. 征收消费税有哪些作用？

2. 消费税与增值税比较，有何区别和联系？

3. 在哪几种情况下，应纳消费税需按组成计税价格计征？这些组成计税价格的公式有什么共同点？其含义是什么？

三、练习

（一）判断题

1. 缴纳消费税的纳税人不需缴纳增值税。 （ ）
2. 进口卷烟、白包卷烟、手工卷烟一律按56%的税率征收其比例税率部分的消费税。 （ ）
3. 所有批发卷烟的单位、个人一律按11%的税率征收卷烟批发环节消费税。 （ ）
4. 进口的应税消费品，于销售时缴纳消费税。 （ ）
5. 金银首饰消费品在批发环节按5%的税率征收消费税。 （ ）
6. 商店在销售烟、酒等应税消费品时，不征消费税，但要征收增值税。 （ ）

7. 企业受托加工应税消费品，如没有同类消费品的销售价格，可按委托加工合同上注明的材料成本与加工费之和为组成计税价格，计算代收代缴的消费税。（　　）

8. 委托加工应税消费品的纳税义务人是受托方。（　　）

9. 应税消费品的销售额包含消费税，但不包括增值税。（　　）

10. 化妆品在生产、批发、零售环节均要缴纳增值税和消费税。（　　）

11. 销售所有酒类产品收取的包装物押金，无论是否返还或会计上如何处理，均应并入销售额征收消费税。（　　）

12. 消费税是间接税，纳税人一般不承担最终税负，应税消费品的最终购买者承担了税负。（　　）

（二）单项选择题

1. 征收消费税的高档手表，是指销售价格不含增值税，每只（　　）。

A. 在 1 万元含以上的各类手表　　B. 在 2 000 元含以上的各类手表

C. 在 5 000 元含以上的各类手表　　D. 在 1 000 元含以上的各类手表

2. 下列各项中，符合消费税有关规定的是（　　）。

A. 纳税人的总、分支机构不在同一县（市）的，一律在总机构所在地缴纳消费税

B. 纳税人销售的应税消费品，除另有规定外，应向纳税人机构所在地或居住地主管税务机关申报纳税

C. 纳税人委托加工应税消费品，其纳税义务发生时间，为纳税人支付加工费的当天

D. 因质量原因由购买者退回的消费品，可直接退还已征的消费税，也可直接抵减应纳税额

3. 下列各项中，符合消费税法中有关应按当期生产领用数量计算准予扣除外购的应税消费品已纳消费税税款规定的是（　　）。

A. 外购已税白酒生产的药酒

B. 外购已税高档化妆品生产的高档化妆品

C. 外购已税白酒生产的巧克力

D. 外购已税珠宝玉石生产的金银镶嵌首饰

4. 下列各项中，符合消费税纳税义务发生时间规定的是（　　）。

A. 进口的应税消费品，为取得进口货物的当天

B. 自产自用的应税消费品，为移送使用的当天

C. 委托加工的应税消费品，为支付加工费的当天

D. 采取预收货款结算方式的，为收到预收款的当天

5. 下列项目中应视同销售，需要缴纳消费税的是（　　）。

A. 用外购已税白酒继续加工成粮食白酒

B. 用自制的米酒继续加工成粮食白酒

C. 某汽车厂将自制的小汽车用于对外投资

D. 委托加工收回的白酒继续加工成粮食白酒

6. 下列消费税项目中，属于从量征收和从价征收复合征税范围的是（　　）。

A. 卷烟　　B. 雪茄烟

C. 啤酒　　D. 汽油

7. 对于从价征收消费税的应税消费品，计税销售额需要按照组成计税价格确定时，下列公式错误的是（　　）。

A. 生产销售环节组成计税价格 = 成本 ×（1 + 成本利润率）÷（1 − 消费税税率）

B. 进口环节组成计税价格 =（关税完税价格 + 关税）÷（1 + 消费税税率）

C. 进口环节组成计税价格 = 关税完税价格 + 关税 + 消费税

D. 委托加工环节组成计税价格 =（材料成本 + 加工费）÷（1 − 消费税税率）

8. 下列有关消费税纳税义务发生时间说法正确的是（　　）。

A. 预收货款结算方式下发出应税消费品的当天

B. 赊销方式下收到货款的当天

C. 预收货款结算方式下收到货款的当天

D. 分期收款结算方式下实际收款日期

9. 根据现行消费税政策，下列各项中不属于应税消费品的是（　　）。

A. 高尔夫球及球具　　B. 实木地板

C. 护肤护发品　　D. 一次性木筷

10. 纳税人用于投资入股的应税消费品，其消费税的处理是（　　）。

A. 不征消费税　　B. 按同类商品平均售价计征消费税

C. 按市场价格计征消费税　　D. 按同类商品最高售价计征消费税

11. 下列项目中，符合消费税纳税地点规定的是（　　）。

A. 自产自用的应税消费品在使用地纳税

B. 委托个人加工应税消费品的，在受托方所在地纳税

C. 总、分机构不在同一县（市）的，在总机构所在地纳税

D. 委托外地代销的，在应税消费品销售后由委托方向委托方机构所在地或居住地主管税务机关申报纳税

12. 纳税人进口金银首饰，其消费税的纳税环节是（　　）。

A. 进口环节　　B. 批发环节

C. 零售环节　　D. 进口和零售环节

13. 进口的应税消费品，由进口人或其代理人向（　　）海关申报纳税。

A. 企业所在地　　B. 企业核算地

C. 货物入境地　　D. 报关地

14. 根据我国现行的消费税制度，下列各种说法不正确的是（　　）。

A. 消费税是价内税

B. 消费税是选择部分消费品课税

C. 消费税一般对同一消费品只能课征一次

D. 消费税实行的是差别比例税率

15. 下列可以扣除外购应税消费品已纳消费税的是（　　）。

A. 外购已税汽车轮胎生产的小轿车　　B. 外购已税摩托车生产的摩托车

C. 外购已税白酒生产的白酒　　D. 外购已税卷烟生产的卷烟

（三）多项选择题

1. 消费税同其他商品劳务税相比，有以下特点（　　）。
   A. 征收范围广泛
   B. 征收环节单一
   C. 采用从价定率征收、从量定额征收和复合征收
   D. 实行差别较大的比例税率、定额税率
2. 消费税对不同应税消费品采取的税率有（　　）。
   A. 比例税率　　B. 定额税率
   C. 超额累进税率　　D. 比例税率与定额税率相结合
3. 下列各项中，应当征收消费税的有（　　）。
   A. 用于本企业连续生产应税消费品的应税消费品
   B. 用于奖励代理商销售业绩的应税消费品
   C. 用于本企业生产性基建工程的应税消费品
   D. 用于捐助国家指定的慈善机构的应税消费品
4. 下列各项中，应按销售自制应税消费品缴纳消费税的有（　　）。
   A. 自己购进原材料加工后销售的应税消费品
   B. 先将原材料卖给委托方，然后再接受加工的应税消费品
   C. 以委托方名义购进原材料生产的应税消费品
   D. 由委托方提供原材料，自己只收取加工费和代垫部分辅助材料加工的应税消费品
5. 下列各项中，有关消费税的纳税地点正确的有（　　）。
   A. 纳税人进口应税消费品，在纳税人机构所在地缴纳消费税
   B. 纳税人自产自用应税消费品，应向纳税人机构所在地或居住地主管税务机关申报纳税
   C. 纳税人委托加工应税消费品，一般回委托方所在地缴纳消费税
   D. 纳税人到外县（市）销售自产应税消费品，在应税消费品销售后向机构所在地或居住地主管税务机关申报纳税
6. 下列各项中，符合委托加工应税消费品消费税处理规定的是（　　）。
   A. 纳税人未提供材料成本的，受托方所在地主管税务机关有权核定其材料成本
   B. 受托方无同类消费品销售价格的，应按（材料成本＋加工费）÷（1－消费税税率）计算
   C. 委托方收回后直接出售的应税消费品，受托方在交货时已代收代缴消费税的，不再征收消费税
   D. 委托方收回后直接出售的应税消费品，受托方在交货时已代收代缴消费税的，应征收消费税
7. 以下企业出口应税消费品不得退税的有（　　）。
   A. 外贸企业收购后出口　　B. 外商投资生产企业自营出口
   C. 生产单位自营出口　　D. 生产单位委托代理出口

8. 下列情况中，应征消费税的有（　　）。

A. 将自产应税消费品发给职工使用

B. 外购已税消费品用于连续生产应税消费品

C. 作为展销样品的化妆品

D. 用于广告的化妆品

9. 某公司将自产消费品用作职工福利，其成本为8万元，消费税税率为8%，消费税成本利润率为5%，则其计税销售额（组价）为（　　）。

A. 消费税组成计税价格为9.13万元

B. 消费税组成计税价格为7.78万元

C. 增值税组成计税价格为9.13万元

D. 增值税组成计税价格为8.8万元

10. 纳税人用于（　　）的应税消费品，应以其同类应税消费品的最高销售额为依据计算消费税。

A. 投资入股

B. 抵偿债务

C. 换取生产资料

D. 换取生活资料

11. 下列关于消费税纳税地点的阐述，正确的有（　　）。

A. 自产自用应税消费品，应在使用地主管税务机关申报纳税

B. 委托加工的应税消费品，除受托方为个人外，由受托方向机构所在地或者居住地的主管税务机关解缴消费税税款

C. 进口的应税消费品，由进口人或者其代理人向报关地海关申报纳税

D. 卷烟批发环节消费税，由卷烟批发企业向机构所在地的主管税务机关申报纳税，总机构与分支机构不在同一地区的，由总机构申报纳税

12. 下列项目中，不符合消费税纳税义务发生时间规定的有（　　）。

A. 分期收款方式下，合同规定的收款日期

B. 预收货款方式下，货物发出的当天

C. 采取托收承付和委托银行收款方式的，为收到货款的当天

D. 报关进口的货物，为海关填发海关进口消费税专用缴款书之日起15日内

（四）计算题

1. 某外贸公司从国外进口一批摩托车（气缸容量大于250毫升），关税完税价和关税合计45万元，当月全部售出，取得含增值税的销售收入107.64万元。

要求：分别计算进口和销售环节的增值税、消费税。

2. 甲企业委托乙企业（均为增值税一般纳税人）加工一批高档化妆品，甲企业提供成本为80万元的材料，支付给乙企业加工费5万元。

要求：分别计算甲、乙企业各自应缴纳的消费税和增值税。

3. 某烟厂烟丝全部外购并用于卷烟的生产，4月烟丝的期初库存2万元，当月购进烟丝取得的增值税专用发票注明税款6.5万元，烟丝期末库存8万元。

要求：计算当月可以抵扣的消费税。

4. 某卷烟厂提供一批烟叶委托某烟丝厂加工成烟丝。委托加工合同注明，烟叶成本金额6万元，加工费3 700元。卷烟厂提货时，烟丝厂按组成计税价计算代收代缴消费税。卷烟厂当月将这批收回的烟丝，一半直接对外销售，取得不含增值税收入45 500元；一半用于生产成30标准箱卷烟销售，向购买方开具的增值税专用发票上注明价税合计款423 750元。

要求：计算卷烟厂应缴纳的消费税（该型号香烟核定价格40元/条）。

5. 某石油化工厂是增值税一般纳税人，9 月发生以下业务：

（1）生产销售含铅汽油 500 吨，单价 2 500 元/吨（不含税）；

（2）销售柴油 300 吨，单价 2 000 元/吨（不含税）；

（3）用 30 吨柴油换 20 吨大米用于职工福利；

（4）购进原材料，收到增值税专用发票注明税金为 50 万元（增值税专用发票未认证）。

要求：计算应缴纳的增值税、消费税（汽油：1 吨 = 1 388 升；柴油：1 吨 = 1 176 升；柴油生产成本 1 500 元/吨）。

6. 某摩托车厂是增值税一般纳税人，专门用二轮摩托车改装生产三轮摩托车，某月发生以下经济业务：

（1）月初库存二轮摩托车 20 辆，单价 5 600 元；月末库存二轮摩托 30 辆，单价 5 300 元；

（2）当月购进二轮摩托车 80 辆，单价 5 300 元（不含税），取得增值税专用发票并已经认证；

（3）当月销售三轮摩托车 85 辆，含增值税销售单价 11 300 元；

（4）本月购进摩托车配件一批，含增值税的价款为 339 000 元，取得增值税专用发票并已经认证。

要求：上述摩托车气缸容量均在 250 毫升以上，计算本月应缴纳的增值税、消费税。

7. 某酒厂某月业务如下：

（1）以直接收款方式销售白酒 10 吨，价款 5 万元；销售白酒 200 吨，价款 83 万元，随同产品销售单独计价的包装物 18 720 元，代垫运费 8 000 元（承运部门将发票开给购货方）；

（2）销售给外地糖烟酒公司白酒 1 000 吨，价款 435 万元，另收包装物押金 56 500 元；

（3）以直接收款方式销售白酒 2 吨，按价款收取现金 8 000 元；

（4）以分期收款方式销售白酒 160 吨，合同规定本期应收价款 80 万元，但款项尚未到账；

（5）委托某商场代销甲类啤酒，收到代销啤酒清单计销售数量 30 吨，价款 12 万元，款项已入账；

（6）直接销售乙类啤酒 50 吨，价款 8 万元，另外收取包装物押金 33 900 元，款项已全部存银行。

要求：以上包装物的押金或价款均含税，酒类的价款均不含增值税，请计算该厂当月应缴纳的消费税。

8. 某酒厂 5 月发生以下业务：

（1）销售白酒 1 吨，取得不含税销售额 3.8 万元；

（2）自制白酒 5 吨，对外售出 4 吨，收到不含税销售额 20 万元（含包装费 3 万元），另收取包装物押金（单独核算）0.2 万元；

（3）自产药酒 1 200 斤，全部售出，普通发票上注明销售额 7.2 万元；

（4）从另一酒厂购入白酒 800 斤（已纳消费税 0.4 万元），全部勾兑成低度白酒出售，数量 1 000 斤，取得不含税销售额 2.5 万元；

（5）为厂庆活动特制白酒 2 000 公斤，全部发放职工，无同类产品售价。每公斤成本为 15 元。

要求：计算该酒厂本月应缴纳的消费税（白酒定额税率为 0.5 元/斤，比例税率为 20%；药酒比例税率为 10%；白酒的成本利润率为 10%）。

9. 某生产企业生产的货物为应税消费品，本月发生以下业务：

（1）销售自产消费品取得含税收入 1 200 万元；

（2）受托加工应税消费品，收取的加工费和税金分别为 18 万元和 2.34 万元；委托方提供的原材料价税合计为 565 万元；

（3）进口一批应税消费品，到岸价格为 158 万元，海关核定的完税价格为 170 万元，征收关税 136 万元，进口后又将其售出，取得不含税价款 280 万元。

要求：计算生产企业应缴纳的消费税及代收代缴的消费税（应税消费品税率为 15%）。

10. 某汽车制造厂主要生产小客车（应税消费品）和小货车，某月主要发生以下业务：

（1）销售小客车 20 辆，每辆售价 8 万元（不含税），另收取运输费每辆 2 260 元，货款已存入银行；

（2）用自产小客车 4 辆换取一批汽车轮胎，对方是小规模纳税人，开具普通发票上按成本价注明金额共计 21.2 万元；

（3）接受一客户委托，将自产小客车改装成客货两用车（仍为应税消费品，适用税率相同），小客车成本共计 5 万元，改装加工成本 1 万元，汽车厂按委托加工应税消费品代收代缴了消费税；

（4）接受另一客户订购任务，订购专用冷藏车 1 辆，交货时客户支付货款（含税）250 800 元，另付设计、改装费 3 万元；

（5）将自产小客车 2 辆，转作自用，生产成本 5 万元，企业按生产成本计算了视同销售的增值税；

（6）当月购入零部件可抵扣进项税 13 万元，购进汽油可抵扣进项税 0.8 万元，购入修理用工具取得增值税专用发票上注明税金 0.4 万元。

要求：该厂生产小客车均为同一型号，计算该厂当月应缴纳的消费税和增值税（小客车消费税税率为 5%，消费税组价的成本利润率为 5%）。

第五章

关　　税

第一部分　学习指导

关税是世界各国普遍开征的一个税种，是国家贯彻对外开放政策、调节对外经济交往的一个重要手段。在世界贸易组织的框架下，合理地制定关税政策，对促进对外经济贸易、维护国家权益有着重要的意义。

第一节，重点掌握关税的含义和特点，了解进出口关税制度，其中应注意：

1. 征税对象和纳税人。关税的征税对象是进出国境或关境的货物和物品。属于外贸进出口的，称为货物；属于出入境旅客、运输工具服务人员携带的、个人邮递，以及用其他方式进口个人自用的，称为物品。关税的纳税人为进出口货物的收发货人或者他们的代理人。香港、澳门、台湾属于中国国境以内，中国关境之外。到港澳台，只能说出境，不能说出国；到欧洲、美洲，既可以说出境，也可以说出国。

2. 进出口关税税则、税率。现行关税税则，对进口货物按照不同的原产地设置有最惠国税率、协定税率、特惠税率、普通税率、关税配额税率等税率以及暂定税率。出口税率则不作产地的区分，也不对销售的地区进行税收上的区别对待。由于税号众多，确定货物的类别归属是关税申报的重要内容。

3. 完税价格。完税价格有两层含义：

(1) 确定完税价格时，必须以进出口货物交易中实际成交价格为基础，要求明确完税价格所包含的内容。

(2) 纳税人向海关申报的货物进出口价格，须经海关审核并被接受的申报价格，才能成为完税价。一般有进口货物完税价、出口货物完税价和海关估价三种。

第二节，主要掌握关税税额的计算方法和关税的纳税地点和期限，税款的缴纳，加收滞纳金，多缴税款的退还，税款的补征和追征。其中，货物分类和税率的确定需要参照海关税则的详细规定，由于税目过多，这些规定是不可能在教材中反映的。注意关税的申报缴纳是在进出口的时候按次进行的，与增值税、消费税的按月申报不同。

第三节，主要了解行邮物品进口税的征税范围、计税方法，主要的税收优惠及申报缴纳方法。其中，关于计税价格需要注意的是：税法规定的计税价格并不是商品的购买价格，而是完税价格表统一规定的价格。

第四节，了解船舶吨税的含义和适用范围，以及基本的计算方法。了解它是由海关征收的一种具有使用性质的税收。注意 30 天、90 天和 1 年三种期限。

学习本章需要特别注意的是：由于国际贸易风云变幻，国家为维护本国利益会及时针对实际情况对税率作出调整，学习过程中应密切关注海关总署网站的有关政策公告，及时了解政策变化。

第二部分　内容提要

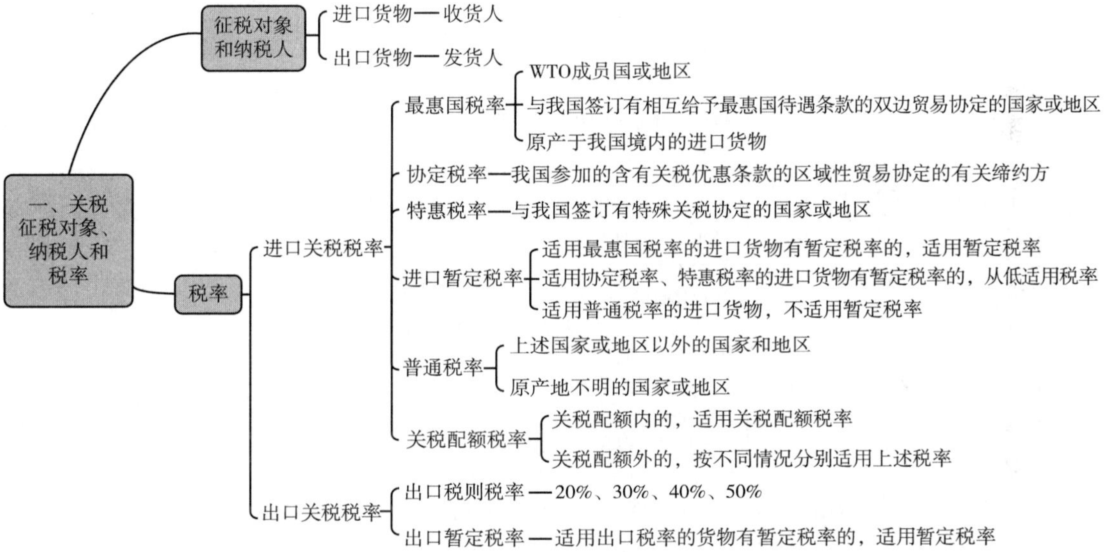

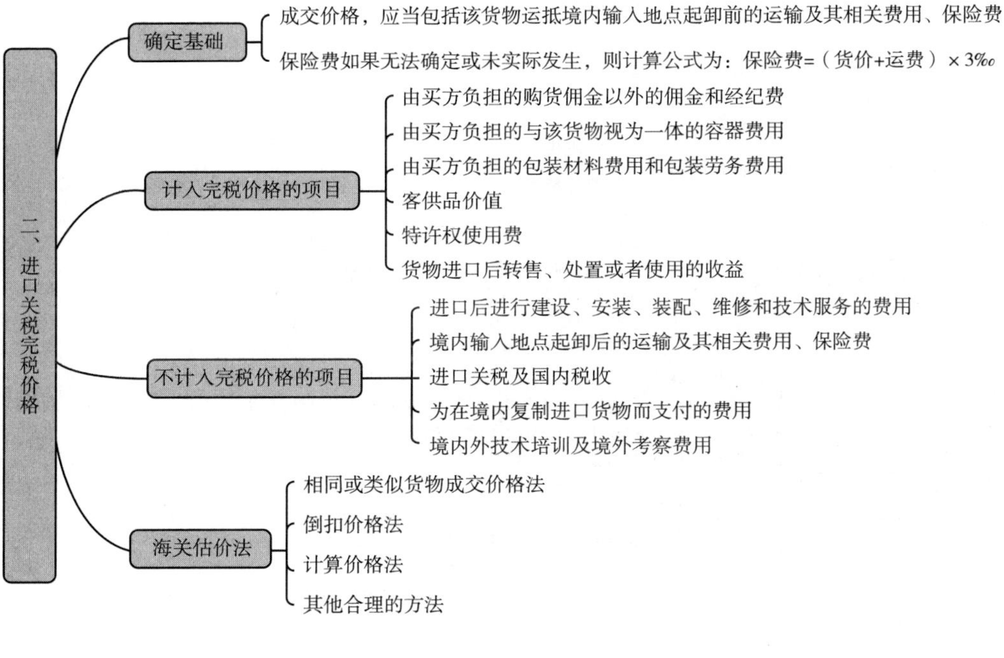

三、关税税额的计算

- 进口
  - 从价计征—完税价格×税率
    - FOB价
      - 完税价格=FOB价格+运杂费+保险费
      - 完税价格=（FOB+运杂费）÷（1-保险费率）
    - CFR价
      - 完税价格=CFR价格+保险费
      - 完税价格= CFR价格÷（1-保险费率）
  - 从量计征—货物数量×单位税额
  - 复合计征—货物数量×单位税额+完税价格×税率
- 出口—完税价格×关税税率—完税价格=FOB价÷（1+关税税率）

四、行李和邮递物品进口税

- 征税对象和纳税人
  - 旅客行李物品—入境旅客、运输工具服务人员
  - 个人邮递物品—收件人
  - 其他个人自用物品—所有人
- 税率
  - 13%
    - 书报、刊物、教育用影视资料
    - 计算机、视频摄录一体机、数字照相机等信息技术产品
    - 食品、饮料
    - 金银
    - 家具
    - 玩具、游戏品、节日或其他娱乐用品
    - 药品
  - 50%
    - 烟、酒
    - 贵重首饰及珠宝玉石
    - 高尔夫球及球具
    - 高档手表
    - 高档化妆品
  - 20%
    - 运动用品（不含高尔夫球及球具）、钓鱼用品
    - 纺织品及其制成品
    - 电视摄像机及其他电器用具
    - 自行车
    - 上述税目未包含的其他商品
- 完税价格
  - 依据《完税价格表》已列明的价格确定完税价格
  - 实际价格在完税价格的1/2或2倍区间内的，按完税价格征税
  - 实际价格低于完税价的1/2，高于完税价的2倍，按实际买价征税
- 税额计算—从价计征—完税价格×税率

五、船舶吨税

- 征税对象和纳税人
  - 进入境内港口的外籍船舶
  - 船舶负责人
- 税率—《吨税税目税率表》
  - 优惠税率
  - 普通税率
- 税额计算
  - 吨税=净吨位×元／吨
  - 【例题】美国籍船舶停靠在我国境内某港口。纳税人申领了30日的吨税执照。该轮船总吨位为15 000吨，注册净吨位为9 000吨。
  - 【解析】（1）确定吨位数：船舶吨税按注册净吨位计算，因此应按9 000吨计算；
    （2）确定吨税率：美国籍船舶适用优惠吨税率为2.9元／吨；
    （3）计算吨税：应纳船舶吨税=9 000×2.9 =26 100（元）
- 免税规定
  - 应纳税额在人民币50元以下的船舶
  - 自境外以购买、受赠、继承等方式取得船舶所有权的初次进口到港的空载船舶
  - 吨税执照期满后24小时内不上下客货的船舶
  - 非机动船舶（不包括非机动驳船）
  - 捕捞、养殖渔船
  - 避难、防疫隔离、修理、改造、终止运营或拆解，并不上下客货的船舶
  - 军队、武装警察部队专用或征用的船舶
  - 警用船舶
  - 依照法律规定应当予以免税的外国驻华使领馆、国际组织驻华代表机构及其有关人员的船舶

第三部分　思考与练习

一、基本概念

1. 关税

2. 关境

3. 关税税则

4. 滑准税

5. 物品

6. 船舶吨税

二、思考与讨论

1. 关税有何特点？

2. 关税有哪些作用？

3. 简述国境和关境的区别和联系。

三、练习

（一）判断题

1. 从我国境外采购的原产于我国的产品，可以不再缴纳进口关税。（　）

2. 按照“奖出限入”的原则，对出口货物一律免征出口关税。（　）

3. 进口货物大多采用累进税率，从价计征。（　）

4. 关税纳税人应当自海关填发税款缴款书之日起7日内向指定银行缴纳税款。（　）

5. 关税的滞纳金比例是千分之五。（　）

6. 已征出口关税的货物，因故未装运出口申报退关，纳税人可自缴纳税款之日起1年内申请退还已纳关税。（　）

7. 如果一个国家的国境内设有免征关税的自由港或自由贸易区，这时关境小于国境。（　）

8. 根据《进出口关税条例》规定，因纳税人违反海关有关规定造成少缴或漏缴的关税，

海关可以在 1 年内追征。（ ）

9. 我国对少数进口商品计征关税时所采用的滑准税，实质上是一种特殊的从价税。（ ）

（二）单项选择题

1. 下列不属于关税纳税人的有（ ）。
   A. 经营进出口货物的收、发货人
   B. 进口个人邮件的发件人
   C. 携带行李物品进境的外国游客
   D. 各种运输工具上携带物品的服务人员

2. 进出口货物完税后，如果发生少征或漏征税款，并不是纳税人违反海关法造成的，海关应当自缴纳税款或放行之日起（ ）内，向发货人补征。
   A. 半年　　B. 1 年
   C. 2 年　　D. 3 年

3. 下列费用中，应并入进口货物完税价格的是（ ）。
   A. 进口人向境外采购代理人支付的佣金
   B. 卖方支付给买方的正常价格回扣
   C. 设施设备等货物进口后发生的基建、安装、调试、技术指导等费用
   D. 货物成交过程中，进口人向卖方支付的佣金

4. 出口货物成交价格中，含有支付给国外的佣金，如未单独列明的，在完税价格中（ ）。
   A. 应予扣除　　B. 不予扣除
   C. 部分扣除　　D. 估价扣除

5. 关税纳税义务人因不可抗力或者在国家税收政策调整的情形下，不能按期缴纳税款的，经海关总署批准，可以延期缴纳税款，但最多不得超过（ ）。
   A. 3 个月　　B. 6 个月
   C. 9 个月　　D. 12 个月

6. 在税则的同一税目中，定有从价和从量两种税率，征税时既采用从量又采用从价两种办法计征税款的，被称为（ ）。
   A. 滑准税　　B. 复合税
   C. 选择税　　D. 附加税

7. 关税的征税对象是指（ ）。
   A. 仅指准许进出境的货物　　B. 仅指准许进出境的物品
   C. 准许进出境的货物和物品　　D. 有形动产

8. 适用原产于与我国共同适用最惠国待遇条款的 WTO 成员国或地区的进口货物，或原产于与我国签订有相互给予最惠国待遇条款的双边贸易协定的国家或地区进口的货物，以及原产于我国境内的进口货物，对其采用的税率被称为（ ）。
   A. 最惠国税率　　B. 协定税率
   C. 特惠税率　　D. 普通税率

9. 某企业进口一批生产用原材料，其缴纳的关税应（　　）。

A. 计入进口货物的成本

B. 计入“税金及附加”账户的借方

C. 计入“应交税费”账户的借方，待加工完成时再行抵扣

D. 计入“管理费用”账户的借方

10. 下列货物中，免征关税的有（　　）。

A. 海关放行后损失的货物

B. 外国政府、国际组织无偿赠送的物资

C. 进口的摩托车

D. 关税税额在人民币500元以下的一票货物

（三）多项选择题

1. 船舶吨税的纳税期限包括（　　）。

A. 30天　　B. 90天

C. 60天　　D. 1年

2. 目前，我国关税税率的形式包括（　　）。

A. 从价关税　　B. 从量关税

C. 复合关税　　D. 滑准关税

3. 行邮物品进口税的征收范围包括（　　）。

A. 入境旅客携带的应税行李物品

B. 个人邮递进口的应税自用物品

C. 准许别人托带进口的应税自用物品

D. 国际运输工具服务人员携带进口的应税自用物品

E. 个人偷渡携入的物品

4. 下列项目中，属于应纳关税的项目有（　　）。

A. 运往境外加工或修理，复运进境的货物

B. 租借方式进境的货物

C. 出口劳务

D. 进口的个人邮递物品

5. 下列进口货物，海关可以酌情减免关税的有（　　）。

A. 在境外运输途中或者起卸时，遭受损坏或损失的货物

B. 起卸后海关放行前，因不可抗力遭受损坏或损失的货物

C. 海关查验时已经破漏、损坏或腐烂，经查为保管不慎的货物

D. 因不可抗力，缴税确有困难的纳税人进口的货物

6. 下列各项中，属于关税法定纳税义务人的有（　　）。

A. 进口货物的收货人　　B. 出口货物的发货人

C. 进境物品的所有人　　D. 进口货物的发货人

7. 我国特别关税的种类包括（　　）。

A. 报复性关税　　B. 保障性关税

C. 进口附加税

D. 反倾销税与反补贴税

8. 关税的特点有（　　）。

A. 以进出国境或关境的货物和物品为征税对象

B. 以货物和物品进出统一的国境或关境为征税环节

C. 由海关代表国家征收

D. 关税税率形式单一，仅采用比例税率

9. 根据《中华人民共和国进出口关税条例》，自 2004 年 1 月 1 日起，我国进口税则设有（　　）。

A. 最惠国税率

B. 协定税率

C. 特惠税率

D. 普通税率

E. 关税配额税率

10. 对于进口货物的成交价格不符合规定条件的，或者成交价格不能确定的，在客观上无法采用货物的实际成交价格的，海关经了解有关情况，经与纳税义务人进行价格磋商后，可以依次以下列价格估定该货物的完税价格（　　）。

A. 相同货物的成交价格估定

B. 类似货物的成交价格估定

C. 最大销售总量方法

D. 计算估价方法

E. 合理估价方法

（四）计算题

1. 某进出口公司从 A 国进口货物一批，成交价（离岸价）折合人民币 9 000 万元（包括单独计价并经海关审查属实的货物进口后装配调试费用 60 万元，向境外采购代理人支付的买方佣金 50 万元）。另支付运费 180 万元，保险费 90 万元。货物运抵我国口岸后，该公司在未经批准缓税的情况下，于海关填发税收缴款书的次日起第 20 天才缴纳税款。假设该货物适用的关税税率为 10%。

要求：计算该公司应缴纳的关税和关税滞纳金。

2. 某外贸企业向国外自营出口一批货物，其贸易的结汇价总计为 3 600 万元人民币，出口关税税率为 20%。

要求：计算该企业应缴纳的出口关税。

3. 某美籍华侨回国探亲随身携带应税电视摄像机一台，数字照相机两架。经海关审定，摄像机每台完税价格 7 500 元，照相机每架完税价格 2 000 元。摄像机和照相机税率为 20%。

要求：计算该华侨应缴纳的进口物品税。

4. 一艘英国籍货船停靠在广州黄埔港。纳税人申领了 30 日的吨税执照。该驳船总吨位为 6 000 吨，注册净吨位为 3 000 吨。

要求：计算应缴纳的船舶吨税。

第六章

企业所得税

第一部分　学习指导

本章和第七章是以人为对象，就其取得的所得征收的一类税。人有自然人和法人之分，所以所得税也分为对自然人征收的个人所得税和对法人征收的企业所得税。在我国，企业是指依法成立以营利为目的的经济组织，它包括企业法人，也包括非企业法人。学习中，既要掌握两个所得税的共性，又要注意它们各自的不同点。

例如，所得税是对纳税人的净所得征收的，因此先要从纳税人（包括企业和个人）的所得中扣除有关的成本、费用、损失等，得出应纳税所得额作为计税依据，然后才能计算其应纳税额。其中，按照税法规定，哪些成本、费用可以扣除，哪些不允许扣除，以及允许扣除的范围和标准，就成为一项重要内容。

又如，所得税是对人税，因此先要掌握纳税人。纳税人又因税收管辖权的不同分为居民纳税人（企业）和非居民纳税人（企业）两类。而企业和个人的划分标准是不同的，企业以其注册地或实际管理机构所在地为标准；个人以住所或居住时间为标准。

再如，前面学过的对商品劳务的课税，只限于对发生在我国境内的商品和劳务销售课税；而对所得的课税，则强调对纳税人来源于我国境内、外的所有所得课税。这是由于大多数国家（包括我国）都同时行使对人的管理和对地域的管理两种税收管辖权，这样就可能产生国际重复征税，为消除其消极影响，就有了境外已纳税款扣除抵免的规定。需要注意的是，我国的企业所得税实行的是综合所得税制，个人所得税实行的是综合与分类相结合的所得税制，因此两者在计税方法、税率、费用扣除以及税款的申报缴纳和境外已纳税款的扣除抵免等方面有所区别。两个所得税是全书的重点。

本章第一节应把握的要点有：

1. 关于纳税人要明确两点：

（1）所得税的纳税人并不包括所有的企业（如个人独资企业和个人合伙企业等），又不限于企业（如有应税所得的事业单位、社会团体等组织）；

（2）纳税人分为居民企业和非居民企业，居民企业和非居民企业的划分及其纳税义务范围是有严格规定的。依中国法律法规或外国法律法规，在境内或境外成立，注册地或实际管理机构所在地在境内的，具备其一即可判定为居民纳税人。注意：中国香港、澳门和台湾地区企业，参照适用税法居民企业、非居民企业的判定标准。

2. 征税对象和征税范围。征税对象可以用一句话概括，即纳税人来源于中国境内、境外的生产、经营所得和其他应税所得。

征税范围为居民企业的所得包括境内、境外的全部所得，而非居民企业的所得仅包括境内所得或与境内机构、场所有实际联系的所得。

需要注意如何确认来源于中国境内、境外的所得。

3. 税率。基本税率为25%，适用于居民企业和境内有机构、场所且所得与机构、场所有关联的非居民企业。低税率为20%，适用于在中国境内未设立机构、场所的，或者虽设立机构、场所，但取得的所得与其所设机构、场所没有实际联系的非居民企业，但实际征税时减按10%征税。

4. 减免优惠。以产业倾斜为主、地区倾斜为辅，产业政策与地区政策相结合；税收优惠的形式有减计收入、加速折旧、加计扣除、降低税率、税额减免和税收抵免等多种方式。

第二节是重点节，内容也比较多。主要应达到以下要求：

1. 掌握应纳税所得额（简称计税所得）的概念，及其与会计利润的区别。

2. 了解纳税年度及特殊规定。

3. 掌握收入总额的概念及其具体内容。主要是区分征税收入、不征税收入和免税收入。注意：非货币性资产交换，以及将货物、财产、劳务用于捐赠、偿债、赞助、集资、广告、样品、职工福利或者利润分配等用途的，应当视同销售货物、转让财产或者提供劳务。企业的内部处理行为，如将货物或者劳务用于在建工程、管理部门、非生产性部门的，所得税上不作视同销售处理。

4. 正确确定准予扣除项目的金额。首先，要明确扣除项目应遵循的原则，它是确定扣除项目范围和标准的总指导思想。其次，教材中将它归纳为四个方面：（1）先明确准予扣除的是与纳税人取得收入有关的成本、费用、税金和损失；（2）有关的成本、费用、税金和损失在计税时还要按照税收规定的条件和标准调整，对超过规定范围和标准的部分予以剔除；（3）采取反列举法规定不得扣除的项目；（4）规定资产的税务处理，明确不得作为一次性扣除的资本性支出的分次扣除办法。

5. 亏损弥补，注意三点：（1）这里的亏损，指的是企业依照企业所得税法和条例的规定，将每一纳税年度的收入总额减除不征税收入、免税收入和各项扣除后小于零的数额；（2）弥补期从亏损后的第一年算起，连续计算弥补期限；（3）先亏先补，按顺序逐年弥补。

6. 资产的税务处理，主要把握不同资产的计税基础，计提摊销或者折旧费用的方法、期限等。

7. 特别纳税调整，主要把握针对纳税人关联企业之间转让定价、弱化资本及避税港避税等情况所进行的税务调整的方法，以及税务机关可以采取的措施和时限。

第三节是企业所得税的计算，相对比较简单，需要注意的是：

1. 境外已纳税款的扣除，要明确以下内容：（1）这项规定的适用范围——适用于已在境外实际缴纳所得税款的居民企业和非居民企业在中国境内设立机构、场所，取得发生在中国境外但与该机构、场所有实际联系的应税所得；（2）计算扣除限额公式的实质是，某国扣除限额为境外某国所得按照我国税法规定的税率计算的税额。境内、境外所得按税法计算的应纳税总额和境外应税所得总额，应按基本税率25%计算；（3）境外实际缴纳税款，低于、等于、高于扣除限额的处理方法。

2. 核定征收应纳所得税的计算，核定征收的范围以及相应的计税方法。

3. 源泉扣缴税款的计算，扣缴义务人与扣缴范围的确定、计算方法和申报缴纳。

第四节是企业所得税的缴纳和会计处理，需注意以下几点：

1. 纳税年度的确定。

2. 税款的缴纳期限和缴纳办法，需了解：（1）预缴期限和汇算清缴；（2）无论是盈是亏，都要按期申报；（3）12月或第四季度的税款也要按规定期限（次年1月15日前）预缴；（4）三种预缴办法，一经确定其中之一，不能随意改变；（5）年度多缴和少缴税款的处理；（6）外币所得的换算；（7）居民企业在中国境内设立不具有法人资格的营业机构，应当汇总计算并缴纳企业所得税。

3. 纳税地点。基本规定是居民企业以企业登记注册地为纳税地点；但登记注册地在境外的，以实际管理机构所在地为纳税地点；预提所得税以扣缴义务人所在地为纳税地点。

4. 税款的核算，主要掌握对企业所得税的计提和账务处理及其账户之间的结转关系。

第二部分　内容提要

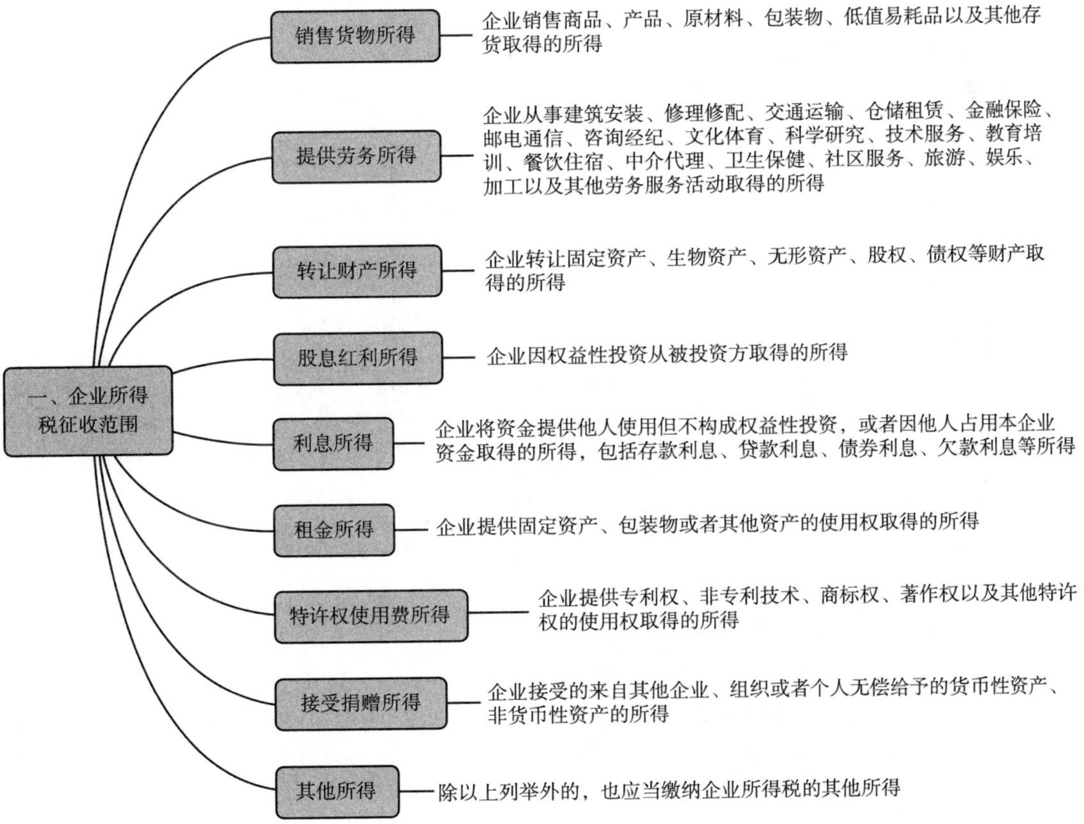

- 二、企业所得税纳税人
  - 含义——在中华人民共和国境内，除依照中国法律、行政法规成立的个人独资企业和合伙企业以外的企业和其他取得收入的组织
  - 包括
    - 居民企业（境内、境外所得）
      - 依法在中国境内成立
      - 依照外国（地区）法律成立，但实际管理机构在中国境内的企业
    - 非居民企业（境内所得）
      - 依照外国（地区）法律成立且实际管理机构不在中国境内，但在中国境内设立机构、场所
      - 在中国境内未设立机构、场所，但有来源于中国境内所得的企业

- 三、企业所得税税率
  - 基本税率（25%）——适用于居民企业和在中国境内设有机构、场所且所得与机构、场所有关联的非居民企业
  - 低税率（20%减按10%执行）——适用于在中国境内未设立机构、场所的，或者虽设立机构、场所但所得与其所设机构、场所没有实际联系的非居民企业
  - 优惠税率
    - 20%——符合条件的小型微利企业
    - 15%——国家需要重点扶持的高新技术企业

- 四、企业所得税收入总额的确认
  - 收入确认的基本规定——企业销售收入的确认，必须遵循权责发生制原则和实质重于形式原则
  - 一般收入
    - 销售货物收入——企业销售商品、产品、原材料、包装物、低值易耗品以及其他存货取得的收入
    - 接受劳务收入——企业从事建筑安装、修理修配等劳务服务活动取得的收入
    - 转让财产收入——企业转让固定资产、生物资产、无形资产、股权、债权等财产取得的收入
    - 股息、红利等权益性投资收益——企业因权益性投资从被投资方取得的分配收入
    - 利息收入——企业将资产提供他人使用取得的利息收入
    - 特许权使用费收入——企业提供专利权、非专利技术、商标权、著作权以及其他特许权的使用权取得的收入
    - 租金收入——企业提供固定资产、包装物和其他有形资产的使用权取得的收入
    - 接受捐赠收入——企业接受的来自其他企业、组织和个人无偿给予的货币性或非货币性资产
    - 其他收入——企业取得的除上述收入以外的其他收入
  - 特殊收入
    - 以分期收款方式销售货物的，按照合同约定的收款日期确认收入的实现
    - 企业受托加工制造大型机械设备、船舶、飞机，以及从事建筑、安装、装配工程业务或者提供其他劳务等，持续时间超过12个月的，按照纳税年度内完工进度或者完成的工作量确认收入的实现
    - 产品分成方式取得的收入，按照企业分得产品的日期确认收入的实现，其收入额按照产品的公允价值确定
    - 企业发生非货币性资产交换，以及将货物、财产、劳务用于捐赠、偿债、赞助、集资、广告、样品、职工福利或者利润分配等用途的视同销售收入
  - 不征税收入
    - 财政拨款
    - 依法收取并纳入财政管理的行政事业性收费、政府性基金
    - 国务院规定的其他不征税收入
  - 免税收入
    - 国债利息收入
    - 符合条件的居民企业之间的股息、红利等权益性投资收益
    - 在中国境内设立机构、场所的非居民企业从居民企业取得与该机构、场所有实际联系的股息、红利等权益性投资收益
    - 符合条件的非营利组织的收入

- 五、企业所得税的扣除项目
  - 工资薪金支出
    - 企业发生的合理的工资薪金支出，准予全额扣除
  - 社会保险费
    - 企业依照国务院有关主管部门或省级人民政府规定的范围和标准为职工缴纳的基本养老保险费、基本医疗保险费、失业保险费、工伤保险费、生育保险费等基本社会保险费和住房公积金（5%—12%），准予全额扣除
    - 企业为员工支付的补充养老保险费、补充医疗保险费，分别在不超过职工工资总额5%标准内的部分，准予扣除；超过的部分，不予扣除
  - 借款费用
    - 企业在生产经营活动中发生的合理的、不需要资本化的借款费用，准予扣除
  - 利息费用
    - 非金融企业向金融企业借款的利息支出，准予扣除
    - 非金融企业向非金融企业借款的利息支出，不超过按照金融企业同期同类贷款利率计算数额的部分，准予扣除
    - 企业实际支付给关联方的利息支出，不超过规定比例计算的部分准予扣除，超过的部分不得在发生当期和以后年度扣除（金融企业为5∶1，其他企业为2∶1）
  - 公益性捐赠支出
    - 企业发生的公益性捐赠支出，不超过年度利润总额12%的部分，准予据实扣除；超过部分，准予结转以后3年内在计算应纳税所得额时扣除
  - 汇兑损失
    - 企业在货币交易中，以及纳税年度终了时，将人民币以外的货币性资产、负债按照期末即期人民币汇率中间价折算为人民币时产生的汇兑损失，除已经计入有关资产成本以及与向所有者进行利润分配相关的部分外，准予扣除
  - 职工福利费
    - 企业发生的职工福利费支出，不超过工资薪金总额14%的部分，准予扣除
  - 工会经费
    - 企业拨缴的工会经费，不超过工资薪金总额2%的部分，凭工会组织开具的“工会经费收入专用收据”，准予扣除
  - 职工教育经费
    - 除国务院财政、税务主管部门另有规定外，企业发生的职工教育经费支出，不超过工资薪金总额8%的部分，准予扣除；超过部分，准予在以后纳税年度结转扣除
  - 业务招待费
    - 企业发生的与生产、经营活动有关的业务招待费支出，按照发生额的60%扣除，但最高不得超过当年销售（营业）收入的5‰
  - 广告费和业务宣传费
    - 企业发生的符合条件的广告费和业务宣传费支出，除国务院财政、税务主管部门另有规定外，不超过当年销售（营业）收入15%的部分，准予扣除；超过部分，准予在以后纳税年度结转扣除
  - 环境保护专项资金
    - 企业依照法律、行政法规有关规定提取的用于环境保护、生态恢复等方面的专项资金，准予扣除
  - 保险费
    - 企业参加财产保险，按照规定缴纳的保险费，准予扣除
  - 租赁费
    - 经营租赁按照租赁年限均匀扣除，融资租赁只提取折旧费用并分期扣除
  - 劳动保护费
    - 企业发生的合理的劳动保护支出，准予扣除
  - 手续费及佣金支出
    - 企业发生的与生产经营有关的手续费及佣金支出，按与具有合法经营资格中介服务机构或个人（不含交易双方及其雇员、代理人和代表人等）所签订的服务协议或合同确认的收入金额的5%计算限额，准予扣除；超过部分，不得扣除
  - 投资损失
    - 企业对外进行权益性（股权）投资所发生的损失，在经确认的损失发生年度，作为企业损失在计算企业应纳税所得额时一次性扣除
  - 保险保障基金
    - 保险公司符合规定缴纳的保险保障基金，准予据实税前扣除
  - 总机构分摊的费用
    - 居民企业之间支付的管理费、企业内营业机构之间支付的租金和特许权使用费，以及非银行企业内营业机构之间支付的利息，不得扣除；非居民企业符合条件的准予扣除
  - 资产损失
    - 企业当期发生的固定资产和流动资产盘亏、毁损净损失（包括不得从销项税金中抵扣的进项税金），由其提供清查盘存资料，经向主管税务机关备案后，准予扣除
  - 其他项目
    - 企业依照法律、行政法规和国家有关税法规定准予扣除的其他项目，如会员费、合理的会议费、差旅费、违约金、诉讼费用等

六、企业所得税不准予扣除的项目

- 向投资者支付的股息、红利等权益性投资收益款项
- 企业所得税税款
- 税收滞纳金
- 因违反法律、行政法规而交付的罚金、罚款和被没收财物的损失
- 超过国家允许扣除的公益性捐赠以及非公益性的捐赠支出
- 企业发生的与生产经营活动无关的各种非广告性质的赞助支出
- 不符合国务院财政、税务主管部门规定的各项资产减值准备、风险准备等准备金支出
- 企业之间支付的管理费、企业内营业机构之间支付的租金和特许权使用费，以及非银行企业内营业机构之间支付的利息
- 与取得收入无关的其他支出

七、企业所得税资产的税务处理

- 固定资产
  - 固定资产按照直线法计算的折旧，准予扣除
  - 固定资产计算折旧的最低年限
    - 房屋、建筑物：20年
    - 飞机、火车、轮船、机器、机械和其他生产设备：10年
    - 与生产经营活动有关的器具、工具、家具：5年
    - 飞机、火车、轮船以外的运输工具：4年
    - 电子设备：3年
- 生物资产
  - 生产性生物资产按照直线法计算的折旧，准予扣除
- 无形资产
  - 无形资产按照直线法计算的摊销，准予扣除；无形资产的摊销不得低于10年
- 长期待摊费用
  - 固定资产的大修理支出
    - 修理支出达到取得固定资产时的计税基础50%以上
    - 修理后固定资产的使用年限延长2年以上
    - 按照固定资产尚可使用年限分期摊销
  - 其他应当作为长期待摊费用的支出，自支出发生月份的次月起，分期摊销，摊销年限不得低于3年
- 投资资产
  - 企业对外投资期间，投资资产的成本在计算应纳税所得额时不得扣除；企业在转让或者处置投资资产时，投资资产的成本准予扣除
- 存货
  - 企业使用或者销售存货的成本计算方法，可以在先进先出法、加权平均法、个别计价法中选用一种

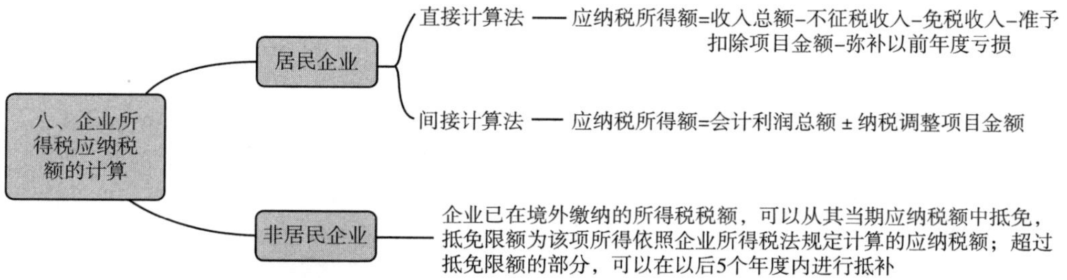

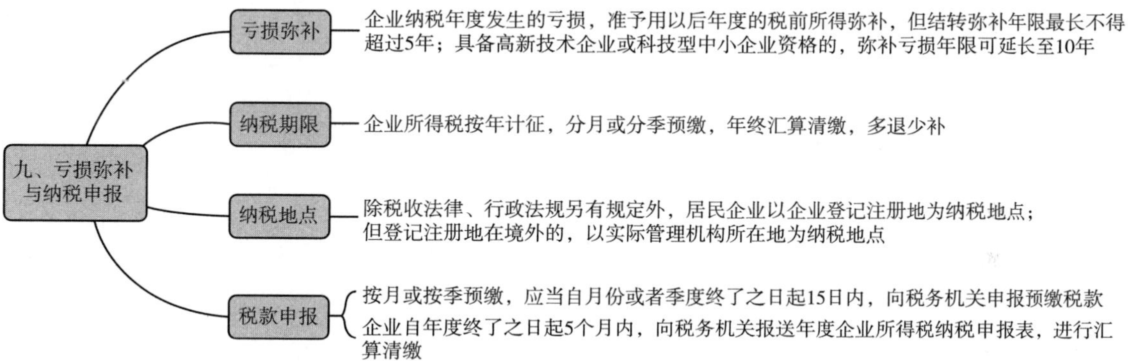

第三部分　思考与练习

一、基本概念

1. 居民企业

2. 非居民企业

3. 实际管理机构

4. 机构、场所

5. 预提所得税

6. 小型微利企业

7. 免税收入

8. 不征税收入

9. 总机构

10. 应纳税所得额（计税所得）

11. 纳税年度

12. 资本性支出

13. 亏损弥补

14. 关联企业

15. 特别纳税调整

16. 弱化资本

17. 债权性投资

18. 权益性投资

19. 境外已纳税款的扣除限额

20. 扣缴义务人

二、思考与讨论

1. 对企业征收的所得税与对企业的商品劳务课税有什么不同?

2. 应纳税所得额与会计利润有什么联系和区别?

3. 居民企业和非居民企业有什么不同?纳税义务有何不同?

4. 税法确定企业应纳税所得额是如何规定的?

5. 关联企业之间的业务往来应如何处理？为什么？

6. 对境外已纳税款为什么要规定扣除限额？

三、练习

（一）判断题

1. 企业所得税只对居民企业征收。 （ ）

2. 纳税人一个纳税年度内的一切生产、经营所得和其他所得，都应计入应纳税所得额。 （ ）

3. 企业发生年度亏损的，可以用以后 5 个盈利年度的利润弥补。 （ ）

4. 某居民企业当年应纳税所得额为 50 万元，但上一年度会计利润表上亏损 48 万元，则当年应缴纳企业所得税 0.5 万元。 （ ）

5. 在确定企业应纳税所得额时，对企业生产、经营期间，向经中国人民银行批准成立从事金融业务的非银行金融机构的借款利息支出，可据实扣除。 （ ）

6. 纳税人来源于境外的所得，在境外实际缴纳的所得税税款，准予在汇总纳税时从其应纳税额中扣除；其在境外发生的亏损也可用境内的利润弥补。 （ ）

7. 企业将货物或者劳务用于在建工程、管理部门、非生产性部门，所得税上不视同销售作收入处理。 （ ）

8. 准予在企业所得税税前扣除的税金，是企业按规定缴纳的增值税、消费税、城市维护建设税、资源税、土地增值税、教育费附加以及缴纳的企业所得税。 （ ）

9. 年度终了，某企业填报的利润表反映全年利润总额为 -17 万元，因此，当年不需缴纳企业所得税。 （ ）

10. 企业在计算应纳税所得额时，对于根据生产经营需要租入固定资产所支付的租赁费，可以据实从收入总额中一次全额扣除。 （ ）

11. 企业所得税规定，居民企业适用 25% 的税率，非居民企业适用 20% 的预提所得税税率。 （ ）

12. 企业在计算应纳税所得额时，其财务、会计处理办法与国家税收规定有抵触时，应依据国家有关税收的规定计算纳税。 (　　)

13. 企业以经营租赁方式租入的固定资产，应按规定计提折旧；以融资租赁方式租入的固定资产，则不允许计提折旧。 (　　)

14. 企业接受其他单位的捐赠物资，应按照公允价值计入应纳税所得额予以计税。 (　　)

15. 无形资产的摊销年限一律不得低于10年。 (　　)

16. 非金融居民企业纳税人从关联方取得的借款金额超过其注册资本200%的，超过部分的利息支出，不得在税前扣除。 (　　)

17. 纳税人研究开发新产品、新技术、新工艺时发生的各项费用，可再按其实际发生额的50%，增加当年费用扣除额后，计算其当年应纳税所得额。 (　　)

18. 对企业做出特别纳税调整的，应当对补征的税款，自税款所属纳税年度的次年1月1日起至补缴税款之日止的期间，按日加收利息。 (　　)

（二）单项选择题

1. 下列不属于企业所得税纳税人的是（　　）。

A. 私营企业　　B. 个人独资企业

C. 国有企业　　D. 股份制企业

E. 外国企业

2. 某企业当年实现自产销售收入500万元，当年发生计入销售费用中的广告费60万元，企业上年还有35万元的广告费没有在税前扣除，企业当年可以税前扣除的广告费是（　　）万元。

A. 15　　B. 60

C. 75　　D. 40

3. 在国务院批准的高新技术产业开发区内设立的被认定为高新技术企业的，可享受的税率是（　　）。

A. 15%　　B. 25%

C. 20%　　D. 10%

4. 纳税人采用分期收款方式销售商品，以（　　）作为销售实现的标志。

A. 收到销售款当天　　B. 货物发出当天

C. 取得索取销售款凭据当天　　D. 合同约定当天

5. 下列不得税前列支的税金是（　　）。

A. 增值税　　B. 企业所得税

C. 资源税　　D. 教育费附加

6. 在计算企业所得税时，准予税前扣除的项目是（　　）。

A. 计入“营业外支出”中的税收滞纳金

B. 固定资产毁损净损失

C. 本月购置并投入使用的固定资产当期计提的折旧额

D. 超过国家规定标准列支的公益救济性捐赠

7. 某企业销售收入 3 000 万元，若当年业务招待支出 30 万元，则允许企业所得税前扣除的业务招待费为（　　）万元。

A. 12　　B. 18

C. 15　　D. 30

8. 在计算企业所得税时，不允许加计扣除费用的项目有（　　）。

A. 企业为开发新技术、新产品、新工艺而发生的研究开发费用

B. 安置残疾人就业所支付的工资

C. 安置其他国家鼓励安置的就业人员所支付的工资

D. 企业综合利用资源发生的费用

9. 纳税人职工福利费、工会经费、职工教育经费分别按实际列支并支付工资总额的（　　）以内据实扣除。

A. 2.5%、2%、14%　　B. 2%、2.5%、14%

C. 14%、2%、8%　　D. 2.5%、14%、2%

10. 在计算应纳税所得额时，不允许直接扣除的项目是（　　）。

A. 广告支出　　B. 不超过规定的公益性捐赠

C. 企业财产保险　　D. 固定资产购建过程发生的利息支出

11. 企业所得税应在年度终了后（　　）个月内汇算清缴。

A. 3　　B. 4

C. 5　　D. 1

12. 企业与其关联方之间的业务往来，不符合独立交易原则，或者企业实施其他不具有合理商业目的的安排的，税务机关有权在该业务发生的纳税年度起（　　）年内，进行纳税调整。

A. 3　　B. 5

C. 10　　D. 20

13. 按照企业所得税法和实施条例规定，下列表述中不正确的是（　　）。

A. 发生的与生产、经营活动有关的业务招待费，不超过销售（营业）收入5‰的部分，准予扣除

B. 发生的职工福利费支出，不超过工资薪金总额 14% 的部分，准予税前扣除

C. 为投资者或者职工支付的补充养老保险费、补充医疗保险费在规定标准内，准予扣除

D. 为投资者或者职工支付的商业保险费，不得扣除

14. 居民企业在中国境内设立不具有法人资格的营业机构的，应当（　　）计算并缴纳企业所得税。

A. 分别　　B. 汇总

C. 独立　　D. 就地缴纳

（三）多项选择题

1. 下列属于企业所得税不征税收入的有（　　）。

A. 财政拨款

B. 国债利息收入

C. 依法收取并纳入财政管理的行政事业性收费、政府性基金

D. 符合条件的居民企业之间的股息、红利收入
E. 在中国境内设立机构、场所的非居民企业从居民企业取得的与该机构、场所有实际联系的股息、红利收入

2. 下列属于企业所得税免税收入的有（　　）。
A. 财政拨款
B. 国债利息收入
C. 依法收取并纳入财政管理的行政事业性收费、政府性基金
D. 符合条件的居民企业之间的股息、红利收入
E. 在中国境内设立机构、场所的非居民企业从居民企业取得的与该机构、场所有实际联系的股息、红利收入

3. 下列应计入企业所得税纳税人收入总额的项目有（　　）。
A. 罚款收入
B. 接受赠与收入
C. 销售材料收入
D. 转让股权收入
E. 国库券利息收入
F. 财政拨款

4. 纳税人取得的收入，可能计入的账户有（　　）。
A. “主营业务收入”
B. “其他业务收入”
C. “营业外收入”
D. “财务费用”
E. “投资收益”
F. “固定资产清理”

5. 下列可在企业所得税前列支的税费有（　　）。
A. 增值税
B. 资源税
C. 土地增值税
D. 教育费附加
E. 企业所得税

6. 在计算企业所得税应纳税所得额时，不得允许税前列支的税金有（　　）。
A. 房产税
B. 印花税
C. 耕地占用税
D. 增值税
E. 车辆购置税
F. 企业所得税

7. 计算企业所得税应纳税所得额时，不允许扣除的项目有（　　）。
A. 税收罚款
B. 税收罚金
C. 经济合同的违约赔款
D. 有赔偿的意外事故损失
E. 居民企业向主管部门支付的管理费

8. 在计算企业所得税应纳税所得额时，准予从收入总额中扣除的项目有（　　）。
A. 对外投资支出
B. 未形成资产的无形资产开发支出
C. 转让固定资产发生的费用
D. 以融资租赁方式租入固定资产所支付的租赁费
E. 以经营租赁方式租入固定资产所支付的租赁费

9. 企业在计算企业应纳税所得额时，下列不得从收入总额中扣除的有（　　）。
A. 依法缴纳的企业所得税
B. 税前依法缴纳的增值税

C. 因未履行合同，而按合同约定支付的违约金

D. 企业按规定提取的存货跌价准备金

E. 逾期借款银行收取的罚款和加收的利息

10. 下列固定资产，不得提取折旧的有（　　）。

A. 闲置房屋及建筑物

B. 以融资租赁方式租入的固定资产

C. 以经营租赁方式租入的固定资产

D. 季节性停用的机器设备

E. 已在成本中一次性列支而形成的固定资产

11. 下列有关资产的税务处理，正确的有（　　）。

A. 购入固定资产支付的包装费、运杂费计入固定资产的原值

B. 已提足折旧但仍继续使用的固定资产不计提折旧

C. 固定资产从投入使用月份的次月起计提折旧

D. 企业的固定资产按直线法计提折旧

E. 企业存货的计价方法一般不得改变

（四）计算题

1. 某企业为居民企业，本年收入总额 2 000 万元（其中包括产品销售收入 1 600 万元，其他业务收入 200 万元，购买国库券利息收入 200 万元），发生各项成本费用（含税金及附加）共计 1 000 万元，其中包括：合理的工资薪金总额 200 万元，业务招待费 100 万元，职工福利费 50 万元，职工教育经费 2 万元，工会经费 10 万元，税收滞纳金 10 万元，提取的各项准备金支出 100 万元。假定无以前年度尚未弥补的亏损。

要求：分析计算该企业本年应缴纳的企业所得税。

2. 某居民企业被税务机关认定为小型微利企业。2020 年，税务机关审核企业亏损 110 万元。2021 年，有关资料如下：主营业务收入（产品销售）3 000 万元，其他业务收入（出租固定资产）200 万元；产品销售成本 1 900 万元；管理费用 300 万元（其中，列支业务招待费 50 万元，新技术研究开发费用 100 万元）；财务费用 200 万元（其中，向其他企业借款 500 万元，支付利息 40 万元，同期银行的贷款利率为 5%）；销售费用 500 万元（其中，列支广告费 480 万元），税金及附加 200 万元。

要求：分析计算 2021 年该企业应缴纳的企业所得税。

3. 惠达公司（居民企业）2020 年全年会计利润 500 万元，已预缴企业所得税 125 万元。2020 年，税务机关在企业所得税汇算清缴时发现以下问题：该企业产品销售收入 3 000 万元，其他业务收入 500 万元，本销售费用中列支广告费 600 万元；管理费用中列支业务招待费 50 万元；财务费用列支 400 万元（其中，年初向其他企业借款 1 000 万元使用一年，年利息为 5%，同期银行的贷款利率为 2%）；全年实际列支并发放工资 200 万元、列支并发放职工福利费 30 万元、工会经费 6 万元、职工教育经费 10 万元；营业外支出列支 200 万元（其中，通过公益组织对外捐赠额为 100 万元）。

要求：计算该企业 2021 年全年应补缴的企业所得税。

4. 新华机械制造有限公司（居民企业）2020 年应纳税所得额为 –50 万元。2021 年度生产经营情况如表 6 – 1 所示。

表 6 – 1 **利　润　表**

编制单位：新华机械制造有限公司　　2021 年 12 月　　单位：万元

项　目	本期金额	上期金额
一、营业收入	9 000	
减：营业成本	4 500	
税金及附加	200	
销售费用	2 000	
管理费用	1 200	
财务费用	200	
资产减值损失		
加：公允价值变动收益（损失以“–”号填列）		
投资收益（损失以“–”号填列）	50	
其中：对联营企业和合营企业的投资收益		
二、营业利润（亏损以“–”号填列）	950	
加：营业外收入		
减：营业外支出	800	
其中：非流动资产处置损失		
三、利润总额（亏损总额以“–”号填列）	150	
减：所得税费用	37.5	

续表

项　　目	本期金额	上期金额
四、净利润（净亏损以“-”号填列）	112.5	
五、每股收益		
（一）基本每股收益		
（二）稀释每股收益		

其中，销售费用含列支广告费200万元；财务费用含向银行借一年期借款1 000万元，支付利息50万元，向其他企业借一年期借款1 000万元，支付利息150万元；投资收益为投资非上市公司的股权投资按权益法确认的投资收益40万元，国债持有期间的利息收入10万元；管理费用列支业务招待费85万元，新产品研究开发费30万元；营业外支出列支了通过省教育厅捐赠给某高校100万元，非广告性赞助支出50万元和存货盘亏损失50万元。另外，全年提取并实际支付工资支出共计900万元，全年列支职工福利性支出130万元，职工教育费支出25万元，拨缴工会经费18万元。

要求：计算该公司2021年应缴纳的企业所得税。

5. 国内某居民企业2021年全年取得销售产品收入为3 000万元；本年销售产品成本900万元；销售费用300万元；管理费用200万元；财务费用300万元；营业外收入300万元，营业外支出列支200万元，国债利息收入50万元；从国外分回税后投资收益160万元（该国适用所得税率为20%）。

要求：计算该企业2021年全年应缴纳的企业所得税。

6. 某外国企业在中国境内设立一个分公司，该分公司可在中国境内独立开展经营活动，2021年该分公司在中国境内取得营业收入200万元，发生成本费用150万元（其中有20万元不得在税前扣除）。

要求： 计算该分公司2021年应在中国缴纳的企业所得税（假如该分公司不享受税收优惠）。

7. 某外国公司在中国境内设有常驻代表机构，2021年该外国公司与中国一家企业签订一项技术转让协议，合同约定技术转让费100万元，技术转让费所适用的中国增值税税率为6%。

要求： 计算该外国公司应为该笔技术转让费在中国缴纳的企业所得税。

第七章

个人所得税

第一部分　学习指导

本章是重点章之一，内容较为复杂，其中关于居民个人综合所得的计算最为重要，是重点中的重点，也是难点。

第一节讲述个人所得税的含义与内容，要求理解个人所得税的概念，了解我国个人所得税的历史沿革，了解现行个人所得税的特点，重点掌握个人所得税税制的主要内容，包括：

1. 纳税人。需区分居民个人和非居民个人，关键是掌握划分标准、住所的含义、居住时间的确定。对于个人，划分居民与非居民有两条并列性标准：一条是在境内有住所，只要有住所，则无论是否在境内居住以及居住时间长短，都是我国的居民个人；另一条是对在我国境内没有住所的个人，以其在我国境内的居住时间长短判定是否为我国的居民，在我国境内无住所，而在一个纳税年度内在我国境内居住累计满 183 天的个人，为居民个人，否则为非居民个人。

居民个人和非居民个人的征税范围不同，居民个人就境内所得和境外所得征税，非居民个人仅就来源于中国境内的所得征税。前者承担无限范围纳税义务，后者承担有限范围纳税义务。

2. 征税项目。需认真掌握各征税项目的具体内容，并可结合减免税规定，了解征税项目中的免税项目，以进一步明确征税范围。

（1）要掌握工资、薪金所得包括的内容。其中，全年一次性奖金不分种类和取得情况，一律按工薪所得征税。奖金是具有工资性质的奖金；免税奖金另有规定。津贴、补贴须区分不同情况，对一些不属于工薪性质的补贴、津贴或不属于纳税人本人工薪所得项目的收入，不予征税。

（2）掌握劳务报酬所得、稿酬所得、特许权使用费所得各自包括的范围，注意区别工资、薪金所得与劳务报酬所得。

（3）居民个人取得以上四项所得，统称综合所得，按纳税年度合并计算个人所得税；非居民个人取得以上四项所得，按月或按次分项计算个人所得税。

（4）纳税人取得经营所得：个体工商户的生产、经营所得，按本项目征税；个体工商户取得的与生产、经营无关的其他各项应税所得，则需分别适用其他应税项目的有关规定计税。需要特别注意的是：个人独资企业、合伙企业及负有无限责任和无限连带责任的其他个人独资企业、个人合伙性质的机构或组织的投资者，取得的生产经营所得，参照个体工商户的生产经营所得项目征税。

（5）掌握利息、股息、红利所得，财产租赁所得，财产转让所得，偶然所得各自包括的范围及减免税收优惠。

3. 税率。

（1）要明确三种税率设计的时限范围，是按年、按月，还是按次设计；

（2）要明确三种税率各适用于哪些应税所得；

（3）正确阅读两张超额累进税率表，它们均按扣除费用后的应纳税所得额设计。

4. 减免税收优惠。结合征税项目掌握征免范围；结合第二节，准确地确定计税依据，正确计算税额。

第二节个人所得税的计算是实际操作，要掌握的计算技能主要有：

1. 居民个人综合所得应纳税额的计算。主要掌握居民个人综合所得计税依据；6 项专项附加扣除的扣除费用；居民个人综合所得预扣预缴税款的计算；居民个人取得劳务报酬所得、稿酬所得、特许权使用费所得的计算；居民个人综合所得的汇算清缴计算。

2. 非居民个人取得工资、薪金所得，劳务报酬所得，稿酬所得和特许权使用费所得应纳税额的计算。注意其与居民个人综合所得计算的区别，包括计算方法、扣除费用和税率。

3. 经营所得应纳税额的计算。注意掌握可扣除的项目及标准。

4. 利息、股息、红利所得应纳税额的计算，一是“次”的正确确定，二是减免税的规定。

5. 财产租赁所得应纳税额的计算，需注意修理费规定的正确运用。

6. 财产转让所得应纳税额的计算，需注意财产原值的确定和合理费用的范围。

7. 境外已纳税款的扣除，它与企业所得税和涉外企业所得税相关规定的不同点是：不需要汇总计算境内、境外所得的应纳税总额；分国、分项计算扣除限额。

第三节是个人所得税的缴纳和会计处理，主要掌握两种缴纳方式及适用范围和程序、期限，个人所得税的会计处理，个体工商户建账的规定与会计核算。

第二部分　内容提要

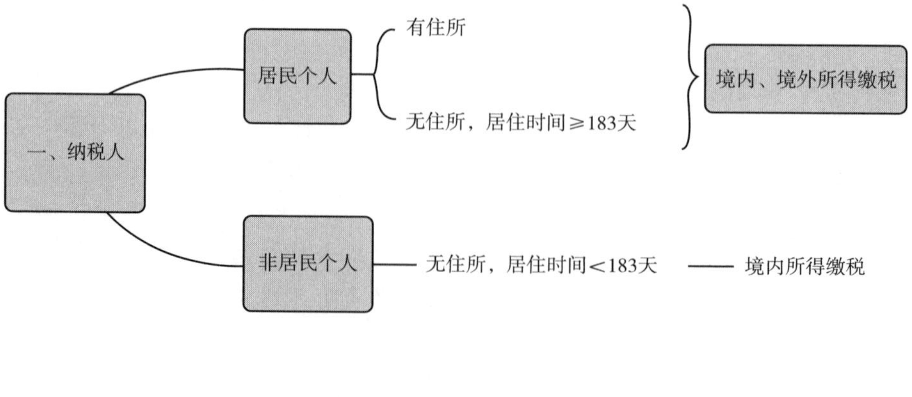

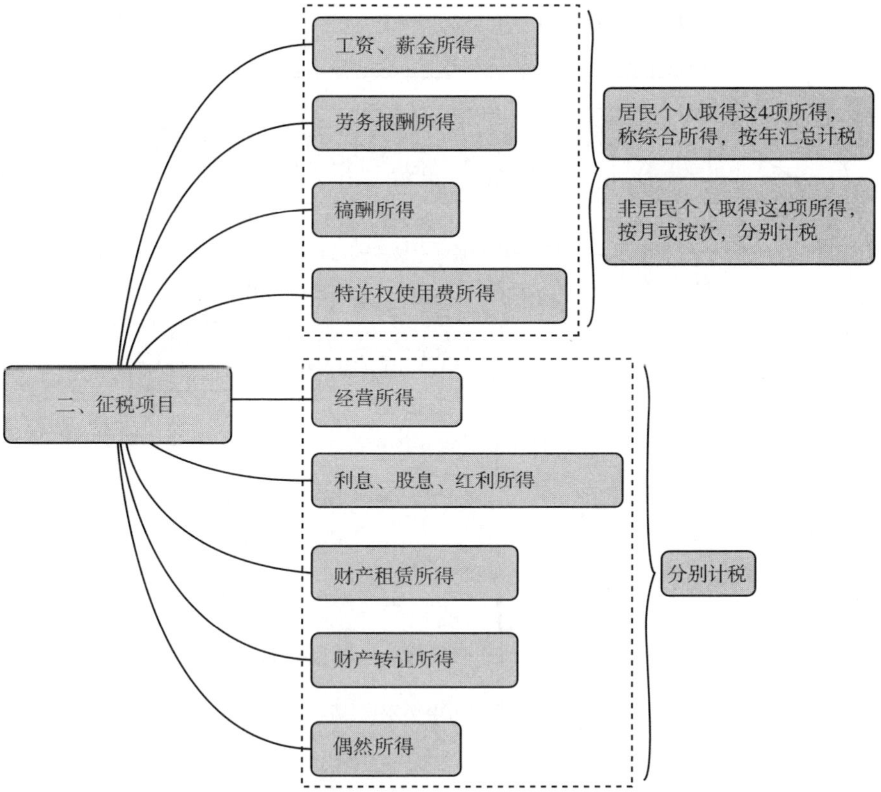
二、征税项目
工资、薪金所得
劳务报酬所得
稿酬所得
特许权使用费所得
居民个人取得这4项所得，称综合所得，按年汇总计税
非居民个人取得这4项所得，按月或按次，分别计税
经营所得
利息、股息、红利所得
财产租赁所得
财产转让所得
偶然所得
分别计税

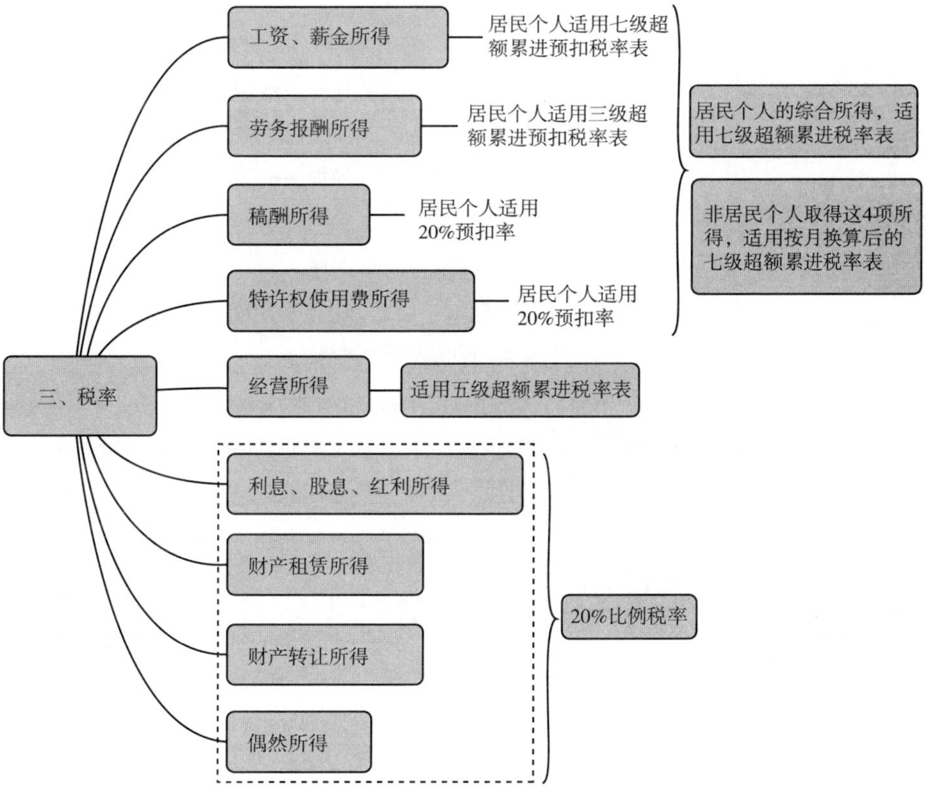
三、税率
工资、薪金所得
居民个人适用七级超额累进预扣税率表
劳务报酬所得
居民个人适用三级超额累进预扣税率表
稿酬所得
居民个人适用20%预扣率
特许权使用费所得
居民个人适用20%预扣率
居民个人的综合所得，适用七级超额累进税率表
非居民个人取得这4项所得，适用按月换算后的七级超额累进税率表
经营所得
适用五级超额累进税率表
利息、股息、红利所得
财产租赁所得
财产转让所得
偶然所得
20%比例税率

- 四、居民个人工资、薪金预扣预缴税款的计算
  - 本期应预扣预缴税额=（累计预扣预缴应纳税所得额×预扣率-速算扣除数）-累计减免税额-累计已预扣预缴税额
  - 累计预扣预缴应纳税所得额=累计收入-累计免税收入-累计减除费用-累计专项扣除-累计专项附加扣除-累计依法确定的其他扣除
  - 减除费用——按照5 000元/月乘以纳税人当年截至本月在本单位的任职受雇月份计算
  - 专项扣除
    - 社保费
      - 基本养老保险
      - 基本医疗保险
      - 失业保险费
      - （按照国家规定的范围和标准缴纳的社保费）
    - 住房公积金：5%—12%
  - 专项附加扣除标准
    - 子女教育——3岁—博士，每人每月1 000元
    - 继续教育
      - 学历教育，每月400元，≤48个月
      - 技术教育，取得证书当年扣3 600元
    - 大病医疗——自付超过15 000元部分，在80 000元限额内扣除
    - 住房贷款利息——首套住房，每月1 000元，最多扣20年
    - 住房租金
      - 省会等，每月1 500元
      - 户籍人口>100万，每月1 100元
      - 户籍人口≤100万，每月800元
    - 赡养老人
      - 独生子女，每月2 000元
      - 非独生，分摊，≤1 000元
    - 3岁以下婴幼儿照护——每人每月1 000元
  - 其他扣除
    - 企业年金
    - 职业年金
    - 商业健康保险
    - 国务院规定可以扣除的其他项目

- 五、居民个人其他综合所得预扣预缴税款的计算
  - 劳务报酬所得
    - 应预扣预缴税额=预扣预缴应纳税所得额×适用税率-速算扣除数
    - 预扣预缴应纳税所得额
      - 每次收入≤4 000元，减除费用800元
      - 每次收入>4 000元，减除费用为收入×20%
  - 稿酬所得
    - 应预扣预缴税额=预扣预缴应纳税所得额×70%×税率
    - 预扣预缴应纳税所得额
      - 每次收入≤4 000元，减除费用800元
      - 每次收入>4 000元，减除费用为收入×20%
  - 特许权使用费所得
    - 应预扣预缴税额=预扣预缴应纳税所得额×税率
    - 预扣预缴应纳税所得额
      - 每次收入≤4 000元，减除费用800元
      - 每次收入>4 000元，减除费用为收入×20%

- 六、居民个人综合所得年终应纳税额的计算
  - 应纳税额=应纳税所得额×适用税率-速算扣除数
=（每年收入-基本费用60 000元-专项扣除-专项附加扣除-依法确定的其他扣除）×适用税率-速算扣除数
  - 工资、薪金所得 — 按工资、薪金所得的100%计算收入额
  - 劳务报酬所得 — 按每次收入减除20%的费用后的余额计算收入额
  - 稿酬所得 — 每次收入减除20%费用再减按70%计算收入额
  - 特许权使用费所得 — 按每次收入减除20%的费用后的余额计算收入额

- 七、非居民个人应纳税额的计算
  - 工资、薪金所得 — 应纳税额=（每月收入额-5 000）×适用税率-速算扣除数
  - 劳务报酬所得
特许权使用费所得 — 应纳税额=每次收入额×（1-20%）×适用税率-速算扣除数
  - 稿酬所得 — 应纳税额=每次收入额×（1-20%）×70%×适用税率-速算扣除数

- 八、经营所得应纳税额的计算
  - 应纳税额=全年应纳税所得额×适用税率-速算扣除数
=（全年收入总额-成本、费用以及损失）×适用税率-速算扣除数
  - 成本费用
    - 各项直接支出
    - 销售费用、管理费用、财务费用等
  - 损失
    - 固定资产和存货的盘亏、毁损、报废损失
    - 转让财产损失，坏账损失
    - 不可抗力因素造成的损失
    - 其他损失
  - 无综合所得的加扣
    - 基本费用60 000元
    - 专项扣除
    - 专项附加扣除
    - 其他扣除

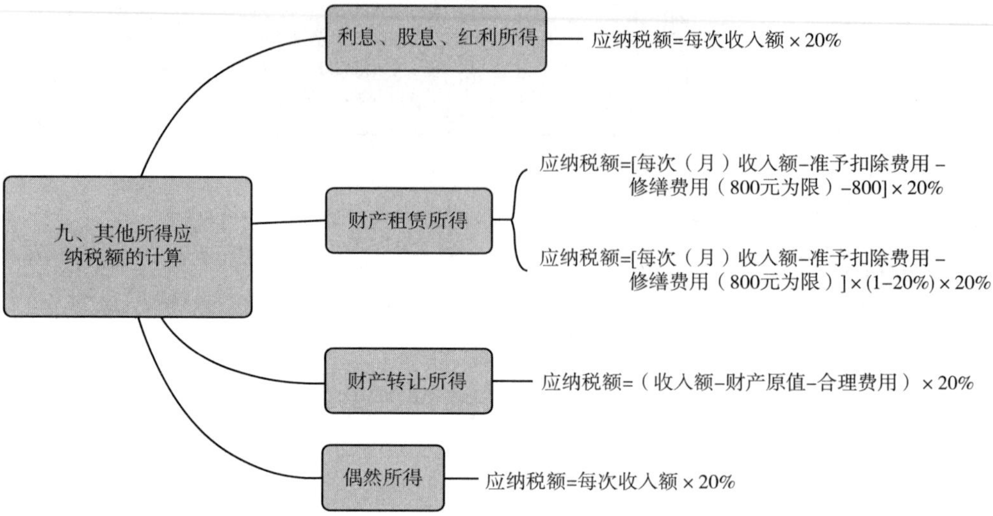

第三部分　思考与练习

一、基本概念

1. 住所

2. 居民

3. 临时离境

4. 习惯性居住地

二、思考与讨论

1. 征收个人所得税有哪些作用?

2. 我国现行个人所得税制和企业所得税比较有哪些特点?

三、练习题

(一) 判断题

1. 个人所得税法规定，对财产租赁所得，以一个月内取得的收入为一次。 ( )

2. 某作家出版一部小说，取得稿酬收入 10 000 元，其应预缴的个人所得税为：10 000 ×(1 - 20%) × 20% = 1 600(元)。 ( )

3. 某外国人于 2021 年 9 月来中国工作，到 2022 年 3 月为止，该外国人在中国境内已居住满 183 天，因此判定该外国人为居民纳税人。 ( )

4. 个体工商户的经营所得，使用税率为 5%—45% 的五级超额累进税率。 ( )

5. 某公民在我国境内无住所，而在我国境内居住又不满 90 天或者 183 天的个人，其来源于我国境内的所得免征个人所得税。 ( )

6. 个人所得税法规定，对于个人的捐赠额不超过应纳税所得额 20% 的部分，可以从其应纳税所得额中扣除。 ( )

7. 对于纳税人取得全年一次性奖金，一般应将其同当月的工资、薪金合并计算，按其所达级数适用税率，计算应纳个人所得税税额。 ( )

8. 纳税人依照税法规定申请个人所得税抵免的，应当提供境外税务机关填发的完税凭证的原件或复印件。 ( )

9. 纳税人从中国境外取得的所得，准予其在应纳税额中扣除已在境外缴纳的个人所得税税额，但扣除额不得超过该纳税人境外所得依照中国税法规定计算的应纳税额。 ( )

10. 不动产转让所得以实现转让的地点为所得地。 ( )

11. 个人转让股份时，就其转让收入额，减除个人取得该股份时实际支付的费用和合理转让费用后的余额，按“财产转让所得”项目计征个人所得税。（　　）

12. 同一学历（学位）继续教育的扣除期限不能超过 24 个月。（　　）

13. 个人所得税的代扣代缴单位，只对本单位职工的工资、薪金所得负有代扣代缴义务。（　　）

14. 外国一位科学家在我国某杂志上发表一篇学术论文，他所取得的稿酬收入，应为来源于我国境内的所得。（　　）

15. 王某担任某公司董事职务，但不在该公司任职，取得的董事费收入应并入当月工资，按工资、薪金所得计算缴纳个人所得税。（　　）

（二）单项选择题

1. 个人所得税扣缴义务人每月扣缴税款上缴国库的期限为（　　）。

A. 次月 3 日　　B. 次月 5 日

C. 次月 7 日　　D. 次月 15 日

2. 对于地级市政府颁布的科学、教育、技术、文化、卫生、体育等方面的奖金，应（　　）。

A. 征收个人所得税　　B. 免征个人所得税

C. 减半征收个人所得税　　D. 实行“免一减二的优惠”

3. 下列所得中，不采用代扣代缴方式征收个人所得税的是（　　）。

A. 稿酬所得　　B. 劳务报酬所得

C. 偶然所得　　D. 个体工商户的生产经营所得

4. 按规定，在计算缴纳个人所得税时，允许在税前扣除一部分的是（　　）。

A. 红利所得　　B. 财产租赁所得

C. 彩票中奖所得　　D. 股息所得

5. 王某获得彩票所得 1 万元，通过县教育局全部捐赠给本村小学，王某应纳的个人所得税税额为（　　）。

A. 免税　　B. 1 400 元

C. 2 000 元　　D. 1 600 元

6. 某作家出版一部小说，取得稿酬 5 000 元，其应纳的个人所得税额为（　　）元。

A. 560　　B. 800

C. 840　　D. 1 000

7. 任职、受雇于报纸、杂志等单位的记者、编辑等专业人员，因在本单位的报纸、杂志上发表作品的所得，按照（　　）项目征收个人所得税。

A. 工资、薪金所得　　B. 稿酬所得

C. 偶然所得　　D. 劳务报酬所得

8. 某彩民购买体育彩票第一次中奖 1 万元，第二次中奖 500 万元，购买彩票支出 2 万元，请客支出 0.1 万元，该彩民应纳个人所得税税额为（　　）万元。

A. 100.2　　B. 100

C. 99.78　　D. 99.58

9. 下列个人所得须定额扣除费用的是（　　）。

A. 利息、股息、红利所得 6 000 元　　B. 偶然所得 2 000 元

C. 特许权使用费收入 4 200 元　　D. 工资、薪金所得 7 400 元

10. 下列项目中，不构成工资、薪金所得应税项目的是（　　）。

A. 奖金　　B. 加班费

C. 特殊工种补助　　D. 外聘讲学所得

（三）多项选择题

1. 下列所得项目中，实行超额累进税率的所得项目有（　　）。

A. 工资、薪金所得　　B. 劳务报酬所得

C. 经营所得　　D. 偶然所得

E. 利息、股息、红利所得

2. 下列个人所得中，适用 20% 的比例税率的是（　　）。

A. 财产租赁所得　　B. 财产转让所得

C. 工资、薪金所得　　D. 劳务报酬所得

E. 偶然所得

3. 稿酬所得，是指个人作品以图书、报刊等形式出版、发表取得的所得，包括（　　）。

A. 文字　　B. 摄影

C. 书画　　D. 提供的修理修配劳务

4. 在计征个人所得税时，不得扣除任何费用的征税项目是（　　）。

A. 偶然所得　　B. 劳务报酬所得

C. 股息、利息、红利所得　　D. 特许权使用费所得

E. 个体工商户生产经营所得

5. 纳税人发生了符合条件的住房贷款利息，可以享受贷款利息专项附加扣除的时间是（　　）。

A. 合同约定开始还款的当月　　B. 合同约定开始还款的次月

C. 合同终止的当月　　D. 合同终止的次月

6. 下列属于免征个人所得税项目的是（　　）。

A. 偶然所得　　B. 退休工资

C. 保险赔款　　D. 储蓄存款利息

E. 投资入股取得的红利所得

7. 在下列情形中，必须向税务机关申报所得并缴纳税款的是（　　）。

A. 取得储蓄存款利息

B. 没有扣缴义务人

C. 扣缴义务人没有代扣税款

D. 从两处或两处以上取得的工资、薪金所得

8. 2021 年，张某已享受住房贷款利息专项附加扣除，当年还可能扣除的项目有（　　）。

A. 子女教育　　B. 大病医疗

C. 住房租金　　D. 继续教育

E. 赡养老人

9. 下列属于个人所得税纳税人的有（　　）。

A. 个体工商户
B. 有限责任公司
C. 合伙企业合伙人
D. 在中国境内经商的台湾人

10. 自行申报纳税的方式有（　　）。

A. 本人直接申报纳税
B. 委托他人代为申报纳税
C. 邮寄方式申报纳税
D. 支付单位代扣代缴

（四）计算题

1. 王某为自由职业者，12 月取得以下收入：

（1）王某为某企业董事会成员，本月取得董事会收入 6 000 元；

（2）王某取得在《东方日报》发表作品的稿酬 1 万元；

（3）王某本月接受邀请给一个学校讲学 2 次，第一次取得报酬 1.5 万元，第二次取得报酬 2 万元；

（4）王某将自己的一项专利技术授权给一家公司使用，获取一次性专利转让收入 3.6 万元。

要求：计算王某 12 月应预扣预缴的个人所得税。

2. 某歌星一次性取得表演收入 42 000 元，扣除 20% 的费用后，应纳税所得额为 33 600 元。

要求：计算其应预扣预缴的个人所得税。

3. 李某202×年全年取得收入如下：出租房屋取得租赁收入每月3 600元；全年工资、薪金收入120 000元，每月缴纳社保和住房公积金1 500元，全年享受住房贷款利息扣除；购买彩票中奖5万元，购买彩票支出20元。

要求：分析计算李某202×年应缴纳的个人所得税。

4. 肖明是广州市户籍人口，已购住房一套，每月住房贷款利息为5 000元。有两个正在上幼儿园的小孩，肖明和妻子都是独生子女，父母、岳父母皆满60岁。肖明和妻子约定有关费用两人在税前平均扣除。肖明202×年取得如下收入（均为税前收入）：

（1）每月的工资收入为21 000元，单位代为扣缴社保费用和住房公积金共2 600元/月；

（2）3月兼职为一家公司提供设计服务，获得报酬29 000元；

（3）5月出版了专著，获得稿酬30 000元。

计算：

（1）肖明每月的专项附加扣除是多少？

（2）肖明1月、2月工资、薪金应预扣预缴税额分别是多少？

（3）肖明劳务报酬所得应预扣预缴税额是多少？

（4）肖明稿酬所得应预扣预缴税额是多少？

（5）假设肖明当年工资、薪金所得共预扣预缴了9 360元，则年度汇算清缴应补（退）的税额是多少？

第八章

资源税类

第一部分　学习指导

第一节讲述了资源税的概念、立法宗旨（即为什么要开征资源税）及其特点。了解资源税的特点，有助于理解资源税各要素的具体内容。在本节中，应注意以下要点：

关于征税范围，可以从以下三个方面来把握：

1. 从正面了解，它包括能源矿产、金属矿产、非金属矿产、水气矿产和盐五大类，在5个税目下面又设有164个子目。

2. 从反向了解，哪些不属于其征税范围。例如，目前对水资源征税只在部分省市试点。对森林、草场、滩涂等资源，对其征税的条件尚不成熟，目前暂未纳入资源税的征税范围。

3. 对于《资源税税目税率幅度表》中未列举具体名称的其他金属和非金属矿产品，由省级人民政府根据实际情况确定具体税目和适用税率，报财政部、国家税务总局备案。

在纳税人中，要注意对两类扣缴义务人的规定。代扣代缴的是收购的未税资源产品（收购已税的不存在扣缴问题）。

资源税的税率比较重要。主要采用比例税率，少量的实行定额税率。过去的资源税适用比例税率的不多，但从2016年7月1日全面推进资源税改革以来，很多应税资源产品，都改为按比例税率征收。

关于资源税的减免税，由于现行资源税的应税资源品目较过去增加了不少，所以，在税收法规规定中相对较为复杂。但只需要基本了解矿产品、原油、天然气的减免税基本规定。资源税的计算比较简单，主要是正确确定计税销售额和计税销售量，即所谓的从价计征和从量计征。对计税销售额的确定，与增值税和消费税的计税销售额基本相同，但更为简单；在依据销售量计税时，现行的资源税已经十分简单了，就是按重量（吨）或容量（立方米）从量计税即可。至于在计算应纳税额时的一些折算和换算的规定，只要了解其基本原理就可以了。

纳税地点是重点，它关系到应税资源所在地的利益。规定向应税矿产品的开采或生产所在地纳税，体现了在哪里开采资源应由哪里受益的原则。因为资源在哪里开采，就会占用哪里的土地，使用当地的基础设施。我国矿产资源大多集中在经济欠发达的中西部地区，这一规定还有利于支持这些地区的经济发展。

在第二节耕地占用税中，首先要掌握一个它独有的特点，即实行一次性课税制。纳税人按实际占用耕地面积依法缴纳一次税款后，在以后的使用、转让和继承过程中，都不再缴纳耕地占用税。就这一点而言，它与城镇土地使用税和土地增值税之间具有承接关系。

1. 耕地占用税的征税对象是重点内容。作为征税对象构成占用耕地这一行为需同时具备两个条件：第一，占用的必须是耕地；第二，占用耕地后用于建房或从事非农业建设。其中，占用耕地是前提条件，后者是限制条件，只有在这一特定范围内才能征税。

2. 耕地占用税的纳税人包括具有纳税行为的国家单位、集体单位和城乡居民。农村居民占用耕地建房也要缴纳此税。

3. 在确定计税依据时，首先要核实实际占用耕地的数量，特别要注意四种情况：

（1）经国家各级土地管理部门批准占用的耕地数；

（2）虽经土地管理部门批准，但实际占地多于批准占用的耕地数；

（3）批准占用非耕地，而实际占用的耕地数；

（4）未经批准而自行占用的耕地数。

其次，耕地占用税的计量单位为平方米，而审批用地是以亩为单位计量的，因此计税时，需将亩换算成平方米。换算标准为：1 亩 =666.67 平方米。

4. 耕地占用税的减免税规定，归纳起来有三个方面：

（1）特殊用途（如军事设施、铁路、公路建设等）占用耕地减免税；

（2）特殊单位（如学校、幼儿园、养老院、医院）占用耕地免税；

（3）纳税困难户（如烈属和残疾军人等）、特殊户（如水库移民等）和农村居民占用耕地建房的，照顾性减免税。

5. 在税款缴纳的内容中，应该注意：

（1）纳税环节规定在各级政府批准用地单位或个人在征（占）用耕地之后，而土地管理部门发放征（占）用土地通知书和划拨用地在其之前。这也就规定了它的纳税程序。

（2）税款不需通过“应交税费”科目核算，而是直接在“在建工程”科目中列支。如果一次纳税数额较大，可以通过“待摊费用”科目摊销。

在第三节城镇土地使用税中，要注意其征收范围与房产税类似，只限于城市、县城、建制镇和工矿区。其中，工矿区并非指一般的工厂、矿山的所在地，处于省级政府确定的征税范围以外的工矿企业，就不需要缴纳房产税和城镇土地使用税。

城镇土地使用税以纳税人实际占用的土地面积为计税依据，并不考虑其是否使用。在这一点上，它又接近于财产税。还要注意的是，几个人或几个单位共同拥有一块土地使用权的，共有各方都是纳税人。

1. 城镇土地使用税的计税依据主要有三方面的内容：

（1）实际占用的土地面积是由省、自治区、直辖市人民政府确定的单位组织测定的土地面积；

（2）尚未组织测量的，按政府部门核发的土地使用证书确定的土地面积为准；

（3）尚未核发土地使用证书的，由纳税人据实申报土地面积，经税务机关核定，据以纳税，待核发土地使用证书后再调整。

2. 城镇土地使用税的税率按大、中、小城市和县城、建制镇、工矿区分别规定幅度税额，每个幅度税额的差距为20倍。大、中、小城市的规模以公安部门登记在册的非农业正式户口数为准，按照国务院颁布的《城市规划条例》中规定的标准划分。

3. 在税款缴纳的内容中，需注意新征用土地开始纳税时间的规定。企业缴纳的税款，在“税金及附加”中列支。

在第四节中，应掌握以下内容：

1. 要正确理解土地增值税的概念。土地增值税主要是对转让房地产所取得的增值额征收的一种税。那么，为什么称为土地增值税呢？这是因为房屋只会越用越残旧，最终失去使用价值，它本身不可能增值；但房屋总是固定在土地上的，于是由于土地的增值，连为一体的房产也就随之增值。那么，土地又为什么会增值呢？主要是：

（1）土地是有限的，而随着社会人口和经济的不断发展，社会对土地的需求不断增长，引起地价不断上升，而且其上升的总趋势具有不可逆性。这是自然增值，也是土地增值的主要因素。

（2）投资增值，即投入资金开发建造，改善了生产和生活环境而形成土地增值。其中，政府为整治和开发土地投入巨额资金，又是主要的。

在我国，国家是城市土地资源的所有者，由于上述两个原因，国家理应通过税收等方式参与土地增值收益分配，并取得较大的份额。这就是开征土地增值税的理由及其名称的由来。征收土地增值税，还有利于促使纳税人尽可能地提高土地利用的效益，保护土地资源；有利于国家对房地产市场的宏观调控，抑制房地产的投机行为。

2. 正确理解土地增值税的征税范围和纳税人，关键在于区分哪些属于土地增值税征税范围，哪些不属于其征税范围。相应地，确定其纳税人的范围，同时了解在其征税范围中，又有哪些情况暂免予以征税。

3. 注意土地增值税税率的特殊形式。土地增值税采用的是四级超率累进税率，这是现行税种中唯一采用这一税率形式的税种。其中，最低税率为30%，最高为60%，税负高于企业所得税。这样的税率政策，一方面，可以对正常的房地产开发经营，通过较低税率和较多的扣除体现扶持政策；另一方面，对取得过高收入，尤其是对炒买炒卖房地产获取的暴利，征以高税，可以发挥一定的抑制作用。

4. 土地增值税的计税依据是重点内容，主要应掌握扣除项目的金额。须注意以下几个方面：

（1）取得土地使用权所支付的金额。具体有三种情形，即向政府（土地所有者）支付土地出让金和补交的土地出让金；向原土地使用权人支付的地价款；转让过程中交纳的有关费用。

（2）开发成本具体包括六项费用，对其内容应有所了解。

（3）开发费用，不能按实际发生额扣除，而应根据其中利息支出情况，区分两种情形计算扣除。

（4）除与转让有关的税金可以扣除外，还有县级及以上政府要求房地产开发企业在售房时代收的各项费用，可根据这些代收费用是否计入房价和是否作为转让收入，来确定能否扣除。如果代收费用计入房价，向购买方一并收取，则可以作为转让房地产取得的收入，同时在计算扣除项目金额时予以扣除。如果代收费用未计入房价，而是另外单独收取，则可不计入转让收入，也不得从收入中扣除。

(5) 加计20%的扣除，仅适用于从事房地产开发的纳税人。其计算基础与扣除开发费用的计算相似；其20%的比例，又与出售普通标准住宅，增值额未超过扣除项目金额20%的免税规定相同，这些需注意区别，不可混淆。

(6) 规定的扣除项目总的有六项，但在具体应用时，应注意不同的纳税人和不同的转让对象的不同扣除项目。

5. 在土地增值税税额的计算和缴纳中，应把握四个内容：(1) 掌握超率累进税率的运用和计算方法，尤其是其中的速算方法；(2) 掌握免税规定，注意当地关于普通标准住宅的界定；(3) 纳税期限，要注意不同的转让方式和收款方式的不同纳税期限和缴纳方法；(4) 纳税地点为房地产所在地，即房地产的坐落地。纳税人是自然人，其转让房地产的坐落地与其居住所在地不在一地时，则在办理过户手续所在地申报纳税。

第二部分　内容提要

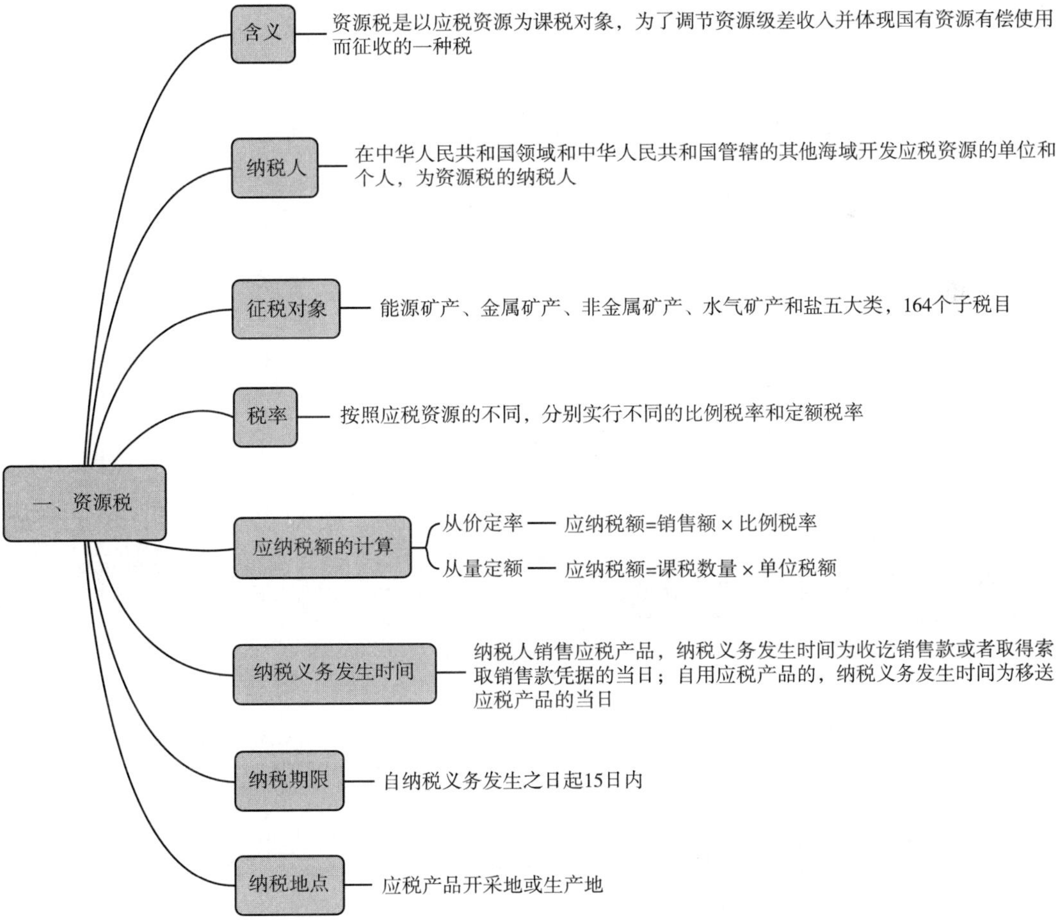

- 二、耕地占用税
  - 含义：耕地占用税是对占用耕地建房或者从事非农业建设的单位和个人，按其实际占用的耕地面积征收的一种税
  - 纳税人：在中华人民共和国境内，占用耕地建设建筑物、构筑物，或者从事非农业建设的单位和个人
  - 征税对象：纳税人占用耕地建设建筑物、构筑物，或者从事非农业建设的国家所有和集体所有的耕地
  - 税率：地区差别幅度定额税率
  - 应纳税额的计算
    - 计税依据：以纳税人实际占用的耕地面积(平方米)为计税依据，按应税土地当地适用税额计税，实行一次性征收
    - 应纳税额：应纳税额=实际占用的耕地面积（平方米）×适用税额
  - 纳税义务发生时间：收到自然资源主管部门办理占用耕地手续的书面通知的当日
  - 纳税期限：自纳税义务发生之日起30日内
  - 纳税地点：占用耕地或者其他农用地的所在地

- 三、城镇土地使用税
  - 含义：以国有土地为征税对象，以实际占用的土地面积为计税标准，按规定税额向使用土地的单位和个人征收的一种税
  - 纳税人：在城镇土地使用税征税范围内使用土地的单位和个人
  - 征税对象：包括在城市、县城、建制镇和工矿区内的国家所有和集体所有的土地
  - 税率：分类分级的幅度定额税率
  - 应纳税额的计算
    - 计税依据：以纳税人实际占用的土地面积为计税依据，土地面积计量标准为每平方米，即税务机关根据纳税人实际占用的土地面积，按照规定的税额计算应纳税额，向纳税人征收城镇土地使用税
    - 应纳税额：全年应纳税额=实际占用应税土地面积（平方米）×适用税额
  - 纳税义务发生时间：纳税人购置新建商品房，自房屋交付使用之次月起，缴纳城镇土地使用税；纳税人新征用的耕地，自批准征用之日起，满一年时开始缴纳城镇土地使用税
  - 纳税期限：自纳税义务发生之日起30日内
  - 纳税地点：土地所在地

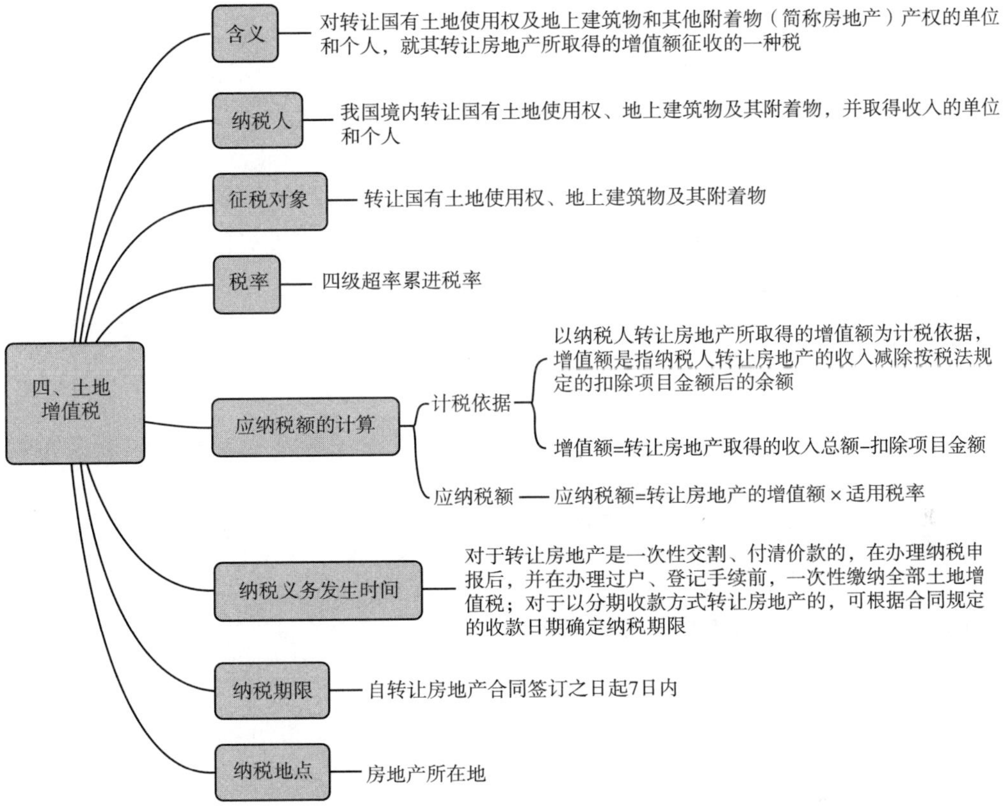

第三部分　思考与练习

一、基本概念

1. 资源税

2. 耕地占用税

3. 土地增值额

4. 土地增值税

二、思考与讨论

1. 为什么要征收资源税？现行资源税有哪些特点？

2. 资源税纳税人的适用税率是怎样确定的？

3. 资源税为什么规定在应税产品的开采或生产地纳税？

4. 征收耕地占用税有何意义？这个税有哪些特点？

5. 城镇土地使用税和耕地占用税主要有什么区别和联系？

6. 土地增值税的征收制度，在哪些方面体现了对从事正常房地产开发的支持和对房地产炒买炒卖投机行为的抑制？

三、练习

（一）判断题

1. 进口的金属、非金属矿产品和海盐不征收资源税，出口的也不退免资源税。（　　）

2. 我国现行资源税的纳税人应包括外商投资企业和外国企业。（　　）

3. 资源税纳税人未分别核算或不能准确提供不同税目应税资源产品的销售额或销售数量的，从高适用税额。（　　）

4. 资源税扣缴义务人代扣代缴税款的时间，为支付货款的当天。（　　）

5. 凡是经营和使用资源税应税矿产品原矿和原盐的单位和个人，都是资源税的纳税人。（　　）

6. 现行资源税由过去的从量计征改成了从价计征。（　　）

7. 资源税的征收范围包括金属矿和非金属矿，凡是有色金属矿原矿和非金属矿原矿，一律要征收资源税。（　　）

8. 销售资源税应税金属矿、非金属矿和海盐，既要征收资源税，又要征收增值税。（　　）

9. 资源税以自采原矿加工精矿产品的，在原矿移送使用时缴纳资源税，在精矿销售或自用时不缴纳资源税。（　　）

10. 耕地占用税以纳税人实际占用的耕地面积为计税依据，从价征收。（　　）

11. 耕地占用税税率采用定额税率，以村为单位，按其人均耕地的多少，规定幅度差别税额。（　　）

12. 耕地占用税的征税范围是指占用土地建房和从事其他非农业建设的行为。（　　）

13. 外商投资企业不缴纳耕地占用税。 ( )

14. 在征税范围内，已批准用地但尚未核发土地使用证书的单位或个人，可暂不缴纳土地使用税。 ( )

15. 在城镇范围内，纳税人占用耕地，已依法缴纳了耕地占用税后，不再缴纳城镇土地使用税。 ( )

16. 大中型工矿企业所占有的空间范围即为工矿区，其实际占用的土地均应依法缴纳城镇土地使用税。 ( )

17. 农村居民占用集体耕地建房，需缴纳耕地占用税；如占用耕地建猪圈、牛栏等，则不用缴纳耕地占用税。 ( )

18. 已免纳耕地占用税的土地，因改变用途不再属于免税范围的，需补缴耕地占用税；纳税人按规定退还耕地的，其已纳的耕地占用税则予以退还。 ( )

19. 城镇土地使用税的免税单位无偿使用纳税单位的土地需纳税；而纳税单位无偿使用免税单位的土地，则可享受免税待遇。 ( )

20. 对于一方出土地，另一方出资金，双方合作建房，建成后按比例分房自用或转让的，均暂免征收土地增值税。 ( )

21. 纳税人建造普通标准住宅出售，增值额未超过扣除项目金额20%的，免征土地增值税；增值额超过扣除项目金额20%的，应就其超过的部分计征土地增值税。 ( )

22. 张某在阳光小区花费60万元购置了一套新居后，欲将原居住了8年的约18平方米的旧房卖出，经评估，此旧房价值约30万元。因此房处于繁华地段，最终以50万元出售。按照税法的有关规定，向当地税务机关申报并核准，免予征收土地增值税。 ( )

23. 凡是以无偿赠与方式转让房地产的，因未取得收入，故不属于土地增值税的征收范围。 ( )

24. 对房地产的抵押，在抵押期间不征收土地增值税。抵押期满后，因无力赎回房地产，丧失了对该项房地产的产权，且无收入的，也不应征收土地增值税。 ( )

25. 两户国有单位互相交换价值相等的住房，产权仍属国家所有，双方又都无增值，因此不属于土地增值税的征收范围。 ( )

26. 房地产开发企业转让房地产时缴纳的印花税，不准从转让收入中扣除；其他单位转让房地产时缴纳的印花税，则可予以扣除。 ( )

27. 房地产开发公司代客户进行用于出售的房地产开发，向客户收取了代建收入，因此应依法缴纳土地增值税。 ( )

（二）单项选择题

1. 耕地占用税法规定：占用基本农田的，适用税额应当在当地适用税额的基础上提高（ ）。

A. 20% B. 30%

C. 40% D. 50%

2. 企业缴纳的下列税种的税款，不需通过“应交税费”账户核算的是（ ）。

A. 城镇土地使用税 B. 耕地占用税

C. 资源税 D. 房产税

3. 扣缴义务人代扣代缴的资源税应向（　　）主管税务机关缴纳。

A. 开采地　　B. 收购地

C. 生产所在地　　D. 销售地

E. 核算地

4. 某煤矿在 3 月生产销售煤炭 10 万吨，销售额为 5 000 万元；销售天然气 50 万立方米，销售额为 1 250 万元。该煤矿适用的单位税额为 5%，天然气适用的单位税额为 6%，则该煤矿在 3 月应缴纳的资源税为（　　）万元。

A. 92.5　　B. 62.5

C. 325　　D. 3.5

5. 纳税人采取预收货款结算方式销售的应税资源产品，其纳税义务发生时间为（　　）。

A. 销售合同规定的收款日期的当天　　B. 发出应税产品的当天

C. 收讫销售款的当天　　D. 取得索取销售款凭据的当天

6. 纳税人生产应税原油出售的，应以（　　）为资源税的计税依据。

A. 生产量　　B. 生产量减去自用数量

C. 销售金额　　D. 课税数量

7. 我国目前资源税采用（　　）形式。

A. 比例税率　　B. 定额税率

C. 累进税率　　D. 比例税率与定额税率

8. 纳税人新征用的土地，必须于批准新征用之日起，（　　）日内申报登记。

A. 30　　B. 20

C. 10　　D. 5

9. 某油田某月生产原油 13.5 万吨，其中销售 9 万吨，单位售价为 2 600 万元/万吨；用于自办油厂加工 1.9 万吨；用于加热、修井 1 万吨；用于职工生活 0.1 万吨；待销售 1.5 万吨。税率为 6%。该油田当月应缴纳资源税为（　　）万元。

A. 2 106　　B. 1 419.6

C. 1 872　　D. 1 856.4

10. 土地增值税暂行条例规定，纳税人应当自（　　）之日起 7 日内，向房地产所在地的主管税务机关办理纳税申报。

A. 签订房地产转让合同　　B. 签订房地产开发合同

C. 实现房地产转让　　D. 收取转让房地产预售订金

E. 收到房地产评估报告

（三）多项选择题

1. 下列属于耕地占用税纳税人的有（　　）。

A. 国有企业　　B. 集体企业

C. 私营企业　　D. 外商投资企业

E. 外国企业

2. 下列各项中，城镇土地使用税直接规定的免税项目是（　　）。

A. 个人所有的居住房屋和院落用地

B. 宗教寺庙自用的土地

C. 直接用于种植养殖、饲养的生产用地

D. 个人办医院、托儿所和幼儿园

E. 市镇街道、绿化地带用地

3. 下列占地项目中，属于耕地占用税征税范围的有（　　）。

A. 农民在其承包经营的耕地上，划出靠路边的一块建房开小商店，而没有减少其上缴集体的承包费

B. 某村将大片种植农作物的耕地不再种作物，而任其长草以牧养牲畜

C. 某农业科研单位在其拥有的耕地上，拿出一块建宿舍，以解决职工住房

D. 为发展乡镇企业，占用部分菜地建厂房

E. 将部分种植经济林木的土地挖作鱼塘

4. 城镇土地使用税以纳税人实际占用的土地面积为计税依据，确定实际占用土地面积的方法有（　　）。

A. 省级政府确定的单位组织测定的面积

B. 政府部门核发的土地使用证书确认的土地面积

C. 先由纳税人申报土地使用证书确认的土地面积

D. 由征收机关核定面积计税

5. 城镇土地使用税征税地区范围包括（　　）。

A. 城市市区　　B. 城市郊区

C. 县城城区　　D. 县城郊区

E. 工矿区

6. 我国现行税收实体法中，采用定额税率的有（　　）。

A. 资源税　　B. 增值税

C. 消费税　　D. 城镇土地使用税

E. 契税

7. 下列各项关于资源税的表述中，正确的有（　　）。

A. 对出口的应税产品免征资源税

B. 对进口的应税产品不征收资源税

C. 开采原油过程中，用于加热的原油免征资源税

D. 开采应税产品过程中，因自然灾害有重大损失的，可由省级人民政府提出减征或免征资源税办法，报同级人民代表大会常务委员会决定，并报全国人民代表大会常务委员会和国务院备案

8. 我国现行税收实体法中，规定按年计征、分期缴纳的税种有（　　）。

A. 企业所得税　　B. 房产税

C. 车船税　　D. 城镇土地使用税

E. 印花税

9. 在我国境内开采和生产的下列产品，属于资源税应税产品的有（　　）。

A. 铁矿　　B. 提取地下卤水晒制的盐

C. 煤矿生产的天然气　　D. 石灰岩

E. 原油

10. 资源税的纳税人包括从事应税资源开采或生产并进行销售或自用的单位或个人，但不包括（　　）。

A. 外商投资企业和外国企业
B. 进口应税资源产品的单位
C. 经营盐的批发和零售的单位
D. 乡镇小煤矿
E. 私营小矿山

11. 下列房地产转让行为中，属于土地增值税征收范围的是（　　）。

A. 取得土地使用权后，未经开发，直接转让
B. 以房屋抵偿债务
C. 被兼并企业的房地产转并到兼并企业中
D. 无偿赠与房屋给直系亲属
E. 企业破产清算转让的房地产

12. 房地产开发企业转让自己使用过的旧房及建筑物，允许扣除的项目包括（　　）。

A. 旧房及建筑物的原价
B. 旧房及建筑物的评估价
C. 取得土地使用权时支付的地价款
D. 转让环节缴纳的税金
E. 加计 20% 的扣除

13. 下列费用中，属于土地增值税所列出的可扣除的开发成本有（　　）。

A. 土地征用及拆迁补偿费
B. 工程规划、设计和项目可行性研究支出
C. 开发小区内道路、排污、环卫、绿化工程支出
D. 开发小区内的居委会、派出所、消防、水塔设施的支出
E. 开发小区内的商店、银行、邮局设施的支出

14. 纳税人转让房地产所取得的收入包括（　　）。

A. 实物收入
B. 股票
C. 无形资产转让收入
D. 计入房价的代县以上政府收取的各项费用
E. 按规定代收的价外费

15. 在境内转让房地产开发并取得收入的下列单位和个人，属于土地增值税纳税人的是（　　）。

A. 国有企业
B. 税务机关
C. 部队
D. 学校、医院
E. 外籍个人

16. 纳税人转让房地产须按照房地产评估价格确定转让收入的是（　　）。

A. 隐瞒、虚报房地产成交价格的
B. 转让旧房及建筑物的
C. 提供扣除项目金额不实的
D. 单位之间交换已使用过房屋的
E. 转让价格偏低，又无正当理由的

17. 下列对土地增值税纳税地点的确定中，正确的是（　　）。

A. 向所转让的房地产坐落地申报纳税

B. 法人转让的房地产坐落地与其机构所在地或经营所在地一致时，向办理税务登记的原管辖税务机构申报纳税

C. 自然人转让的房地产坐落地与其居住所在地一致时，向住所所在地申报纳税

D. 自然人转让的房地产坐落地与其居住所在地不一致时，向办理过户手续所在地申报纳税

E. 纳税人转让的房地产坐落在两个或两个以上地区的，向纳税人机构所在地或居住所在地申报纳税

（四）计算题

1. 某企业实际占用土地面积为 5 000 平方米，当地适用税额标准为 4 元/平方米。

要求：计算该企业应缴纳的城镇土地使用税。

2. 某企业占用耕地 8 000 平方米建设厂房，当地规定的耕地占用税税额为 40 元/平方米。

要求：计算该企业应缴纳的耕地占用税。

3. 某市房地产开发公司转让写字楼一幢，取得转让收入 5 000 万元，公司即按税法规定缴纳了有关税金。该公司为取得土地使用权而支付的金额为 500 万元；投入房地产开发成本 1 500 万元；开发费用 400 万元，其中计算分摊给这幢写字楼的利息支出 120 万元（有金融机构证明），比按工商银行同类同期贷款利率计算的利息多 10 万元。另外，公司所在地政府规定的其他开发费用的计算扣除比例为 5%。

要求：计算该公司转让此楼应缴纳的土地增值税。

第九章

财产税类

第一部分　学习指导

本章讲述的是我国现行的财产税类。财产课税是对人们拥有或支配的财产课征的税收，具有直接税性质。财产税是几个税的总称，包括若干个税种，一般分为对财产的所有或占用的课税（如我国现行的房产税），以及对财产的转移课税（如我国现行的契税）。

在第一节房产税中，首先讲述了房产税的概念、由来及其作用，以及对房产税下一步改革的展望。在房产税的征收制度中，需注意以下几点：

1. 征税对象和范围。

（1）房产的范围。房产不仅包括以房屋形态表现的财产，而且包括附属设备，即与房屋不可分割的组成部分以及不单独计价的配套设施，主要有暖气、卫生、通信、照明、煤气等设备；各种管线，如蒸汽、压缩空气、石油、节水排水管道及电力、电讯、电缆导线、电梯、升降机、过道、晒台等。但不包括独立于房屋之外的建筑物，如围墙、烟囱、水塔、变电塔、酒窖菜窖、室外游泳池、玻璃暖房等。

（2）仅限于城市、县城、建制镇和工矿区的房屋，不包括农村的房屋。

2. 纳税人，原则上为房屋产权的所有人。由于具体情况不同，纳税人还可以是房屋的经营管理单位、承典人、代管人或使用人。房屋的典当，是指房屋产权所有人将房屋交给承典人占有、使用和获取收益；承典人按约定典金一次性交给出典人，在典期届满时完好返还房屋并收回典金的一种房屋使用权变更行为。“典”是可以回赎的意思，“当”是以实物作抵押的借贷关系。房屋典当双方的基本权利和义务是用房不交租，用钱不付息。承典人有权支配承典的房屋，不仅有权使用，而且有权出租及转典，获取收益，因此，规定承典人为房产税的纳税人。代管人是接受产权所有人或承典人的委托，代为管理房屋，或虽未受委托而在事实上已代管房屋的人。在产权所有人或承典人不在当地，及产权未定或发生租典纠纷时，由代管人代为报缴房产税；没有代管人的，由直接在使用房屋的使用人代为纳税。

3. 计税依据，分别为房产余值和房屋租金。这里要注意房屋原值的确定，归纳起来有以下五种情况：

（1）依据纳税人固定资产账户记载的金额确定。

（2）未计入固定资产账户，但按有关财务制度规定，房屋累计造价已达到固定资产标准的，按累计造价确定。

（3）无房产原值的自有房屋，由房产所在地税务机关参照管理部门同年代兴建的同类房屋造价核定。

（4）购买的房屋，按购进的价格确定。

（5）与房屋不可分割的设备，需计入房产原值（至于房屋的中央空调设备需区别情况：新建房屋交付使用时，如中央空调设备已计算在房屋原值之中的，则房屋原值应包括中央空调设备；如中央空调设备作单项固定资产入账，单独核算并提取折旧，则不计入房产原值）。此外，纳税人对原有房屋进行改建、扩建的，要相应增加房屋的原值。

计税依据还有两项具体规定：

（1）对于以房屋投资联营的，如投资者参与利润分红、共担风险，按房屋余值为计税依据；如投资者收取固定收入，不承担联营风险，实际上是以联营名义取得房屋租金，因此应由出租方按租金收入计税。

（2）融资租赁房屋，实际上是一种分期付款购买方式，因此以房屋余值计税。其在租赁期内的纳税人，可由地方税务局根据实际情况确定。

4. 免税规定，主要是对某些拥有房屋，但自身没有纳税能力的单位予以免税。实行差额预算管理的事业单位，虽然有一定的收入，但收入不够本身经费开支的部分，还要由国家财政部门拨付经费补助。因此，实行差额预算管理的事业单位，也属于由国家财政部门拨付事业经费的单位，对其本身自用的房产免征房产税。

5. 新建房屋的纳税义务发生时间：

（1）纳税人自建的房屋，自建成之日的次月起征税。

（2）纳税人委托施工企业建设的房屋，从办理验收之日的次月起征税。如在办理验收手续前已使用或出租、出借的新建房屋，按规定征税。

6. 税款的核算。企业缴纳的房产税，应通过“应交税费——应交房产税”账户核算。

第二节是契税，应掌握以下要点：

1. 征税范围。契税的征税对象是发生使用权转移的土地和发生所有权转移的房屋。其征税范围，除教材中已讲述的有关内容外，现补充明确以下几点：

（1）征收范围包括房屋交换。但双方交换价值相等的，免纳契税；如只是房屋使用权交换，不征收契税。

（2）以房地产作投资和作股转让，视同房屋买卖。但以自有房产作股投入本人经营企业，免征契税。

（3）房屋拆料或翻建新房，照章征收契税。

（4）以无形资产方式承受土地、房屋权属，视同转让。

2. 纳税人为财产承受人，这是一个特点。对承受人（买方）征税，有利于通过法律形式确定产权关系，维护公民合法权益。

3. 税款的核算。企业缴纳的契税不通过“应交税费”账户核算，核算契税时，应借记“固定资产”或“无形资产”科目，贷记“银行存款”科目。

第三节是车辆购置税，在学习时需注意如下问题：

1. 车辆购置税是在“税改费”的过程中，由原来的车辆购置附加费改革而来的。车辆购置附加费与车辆购置税在征收对象、征收范围和税率上基本一致。车辆购置税为中央税，收入缴入中央国库。

2. 在征税环节上应注意，车辆购置税的征税环节为购置应税车辆之后、办理车辆登记注册之前。车辆购置税实行一次性征收制度，而且税款要求一次交清，购置已征车辆购置税的车辆，不再重复征收车辆购置税。

3. 在计税价格上应注意，不同类型应税车辆的最低计税价格，由国家税务总局参照其市场平均交易价格分别加以确定，这一价格随着市场的变化和国家调节市场的需要，会发生变化。当纳税人申报的应税车辆的计税价格低于同类型应税车辆最低计税价格时，按照最低计税价格征收车辆购置税。纳税人自购车辆若发票上的价格高于最低计税价格，则按发票价格缴税；若低于最低计税价格，则按最低计税价格缴税。

4. 在征税范围上应注意，车辆购置税的征税范围包括在中华人民共和国境内购置汽车、有轨电车、汽车挂车、排气量超过150毫升的摩托车的单位和个人。地铁、轻轨等城市轨道交通车辆，装载机、平地机、挖掘机、推土机等轮式专用机械车，以及起重机（吊车）、叉车、电动摩托车，不属于应税车辆。

第四节车船税中，须注意如下问题：

车船税是依照法律规定，对在我国境内的车辆、船舶，按照规定的税目、计税单位和年税额标准计算征收的一种税。从2007年开始征收的车船税与原来的车船使用税相比，已经不再是兼有行为税性质的税种，而是一种比较典型的财产税。对于依法在车船管理部门登记的机动车辆和船舶，以及依法不需要在车船登记管理部门登记的在单位内部场所行驶或者作业的机动车辆和船舶都应纳税。

车船税从量计征。其计税依据按照不同的车船类别分为排气量、辆、整备质量、净吨位、艇身长度五种。概括地说，对于乘用车（按发动机气缸容量即排气量分档）、摩托车和商用车中的客车以辆为计税依据；对于商用车中的货车和其他车辆（包括专用作业车和轮式专用机械车），则以整备质量为计税依据；而对于船舶中的机动船舶，以净吨位为计税依据；对船舶中的游艇，则以艇身长度为计税依据。

第二部分　内容提要

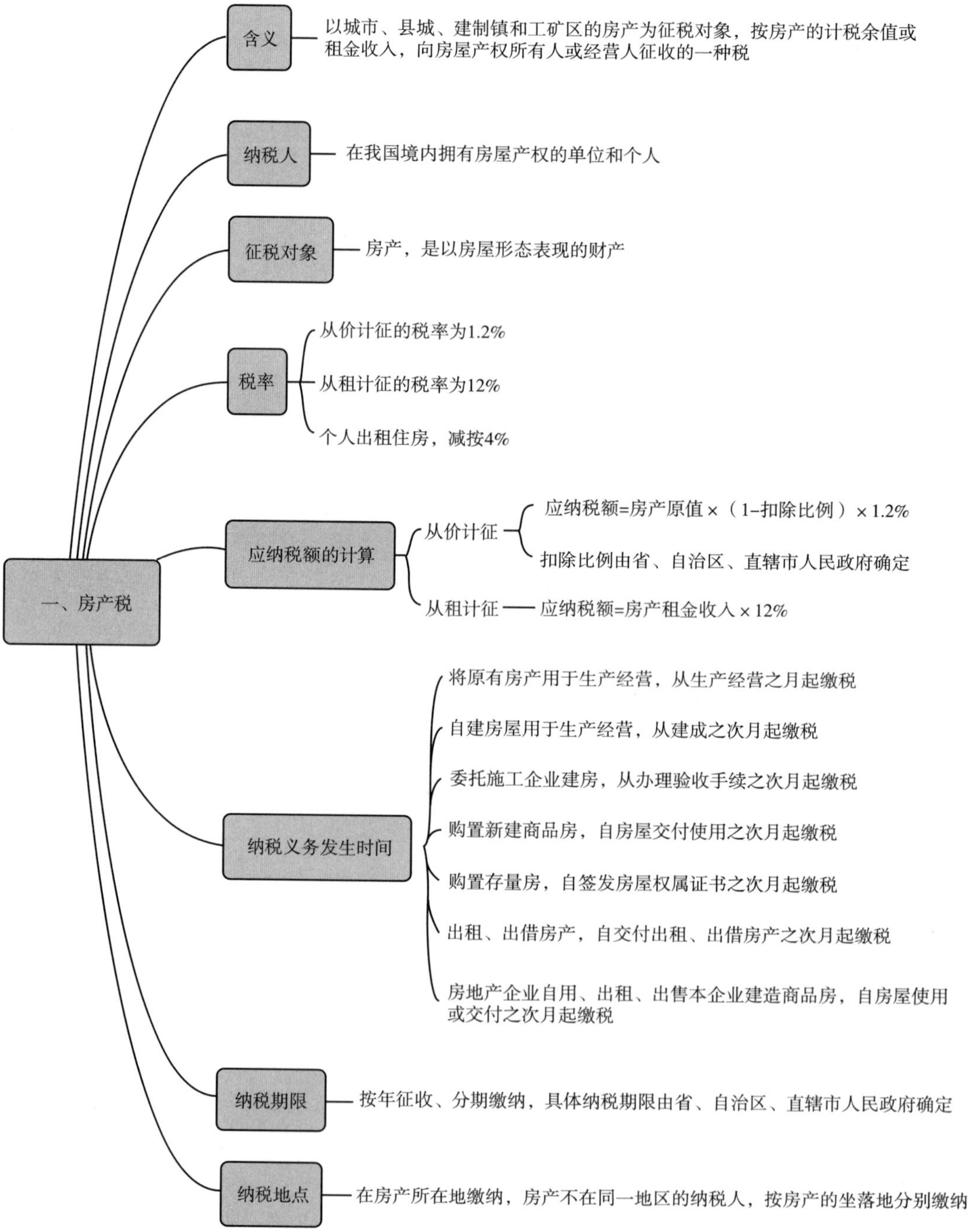
一、房产税
含义
以城市、县城、建制镇和工矿区的房产为征税对象，按房产的计税余值或租金收入，向房屋产权所有人或经营人征收的一种税
纳税人
在我国境内拥有房屋产权的单位和个人
征税对象
房产，是以房屋形态表现的财产
税率
从价计征的税率为1.2%
从租计征的税率为12%
个人出租住房，减按4%
应纳税额的计算
从价计征
应纳税额=房产原值×（1-扣除比例）×1.2%
扣除比例由省、自治区、直辖市人民政府确定
从租计征
应纳税额=房产租金收入×12%
纳税义务发生时间
将原有房产用于生产经营，从生产经营之月起缴税
自建房屋用于生产经营，从建成之次月起缴税
委托施工企业建房，从办理验收手续之次月起缴税
购置新建商品房，自房屋交付使用之次月起缴税
购置存量房，自签发房屋权属证书之次月起缴税
出租、出借房产，自交付出租、出借房产之次月起缴税
房地产企业自用、出租、出售本企业建造商品房，自房屋使用或交付之次月起缴税
纳税期限
按年征收、分期缴纳，具体纳税期限由省、自治区、直辖市人民政府确定
纳税地点
在房产所在地缴纳，房产不在同一地区的纳税人，按房产的坐落地分别缴纳

- 二、契税
  - 含义
    - 对在我国境内转移的土地、房屋权属，由承受单位或个人缴纳的一种税
  - 纳税人
    - 在我国境内转移土地、房屋权属过程中承受土地、房屋权属的所有单位和个人（买方）
  - 征税对象
    - 国有土地使用权出让
    - 土地使用权转让
    - 房屋买卖、赠与、交换
    - 土地、房屋权属投资入股、抵债、奖励、预购或预付集资建房款方式转移的
  - 税率
    - 3%—5%幅度的比例税率
  - 应纳税额的计算
    - 计税依据
      - 国有土地使用权出让、出售和房屋买卖的，以成交价格为计税依据
      - 土地使用权赠与、房屋赠与的，参照土地使用权出售、房屋买卖的市场价格核定
      - 土地使用权交换、房屋交换的，以差额为计税依据
      - 划拨方式取得土地使用权的，其计税依据为补缴的土地使用权出让费用或者土地收益
    - 应纳税额 —— 应纳税额=计税依据×税率
  - 纳税义务发生时间
    - 签订土地、房屋权属转移合同的当天，或者取得其他具有土地、房屋权属转移合同性质凭证的当天
  - 纳税期限
    - 自纳税义务发生之日起10日内
  - 纳税地点
    - 房屋所在地

- 三、车辆购置税
  - 含义
    - 对在我国境内购置应税车辆的单位和个人，就其购置的应税车辆在购置环节一次性征收的一种税
  - 纳税人
    - 在我国境内购买、进口、自产、受赠、获奖或者以其他方式取得并使用应税车辆的单位和个人
  - 征税对象
    - 汽车、排气量超过150毫升的摩托车、有轨电车、汽车挂车
  - 税率
    - 10%
  - 应纳税额的计算
    - 计税依据
      - 购买自用车辆的计税价格，为购买应税车辆而支付的全部价款和价外费用
      - 进口自用车辆的计税价格，为关税完税价格加上关税和消费税的合计数
      - 自产自用车辆的计税价格，按照纳税人生产的同类应税车辆的销售价格确定；没有同类应税车辆销售价格的，按照组成计税价格确定
      - 受赠、获奖或者以其他方式取得自用车辆计税价格，按照购置车辆时相关凭证载明的价格确定
    - 应纳税额
      - 应纳税额=计税价格×税率
  - 纳税义务发生时间
    - 购买自用车辆——购买之日
    - 进口自用车辆——进口之日
    - 自产、受赠、获奖或其他方式取得车辆——取得之日
  - 纳税期限
    - 自购买、进口、自产、受赠、获奖或者以其他方式取得之日起60日内
  - 纳税地点
    - 车辆登记地

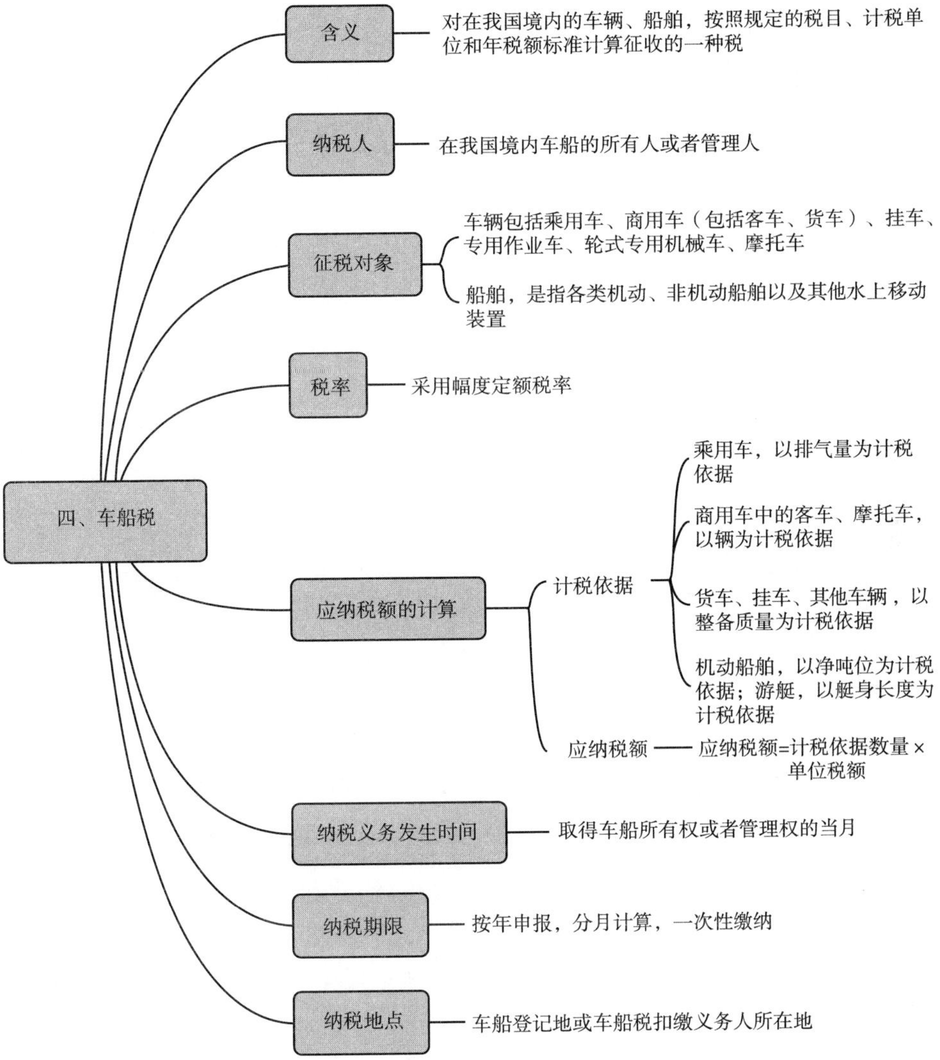

第三部分　思考与练习

一、基本概念

1. 房产余值

2. 房产税

3. 契税

4. 车辆购置税

5. 车船税

二、思考与讨论

1. 为什么规定由土地、房屋的承受方缴纳契税？

2. 为什么对纳税人经营自用的房屋，规定按房产余值计征房产税，而不按房产原值或减去已计提折旧后的净值计税？

3. 为什么要将车辆购置附加费改为车辆购置税？

4. 为什么车辆由各省、自治区、直辖市人民政府在规定的税额幅度内自定适用税额计征车船税，而船舶则由国务院确定具体适用税额计征车船税？

三、练习

（一）判断题

1. 所有拥有城镇房屋的单位和个人都是房产税的纳税人。 （ ）

2. 纳税人对原有房屋进行改建、扩建的，要相应增加房屋的原值。 （ ）

3. 一个坐落在房产税开征地区范围之内的工厂，其仓库设在房产税开征地区范围之外，这个仓库可不缴纳房产税。 （ ）

4. 房产税以产权所有人为纳税人，因此，房产出租的，由出租人缴纳；房产出典的，由出典人缴纳。 （ ）

5. 纳税人自产、受赠、获奖或者以其他方式取得并自用的应税车辆的计税价格，由主管税务机关参照市场价格核定。 （ ）

6. 新建建筑物安装的中央空调设备，已计算在房产原值中的，应征收房产税；旧建筑物安装中央空调设备，一般作单项固定资产处理，不征收房产税。 （ ）

7. 房屋产权相互交换，双方交换价值相等的，免征契税；其价值不相等的，原有房产价值小的一方，不仅要给原有房产价值大的一方支付差价款，还要按超出部分缴纳契税。 （ ）

8. 对国有土地使用权的出让不征收土地增值税，但要征收契税。 （ ）

9. 农村房屋不属于房产税征税范围；农村买卖房屋也不用缴纳契税。 （ ）

10. 城镇职工购买公有住房的，免征契税。 （ ）

11. 土地、房屋被县级以上人民政府征用、占用后，重新承受土地、房屋权属的，免征契税。 （ ）

12. 已缴纳车辆购置税的车辆，发生车辆退回生产企业的，可全额申请退税。 （ ）

13. 私人家庭购买小轿车不用于生产、经营的，免征车辆购置税。（　　）

14. 车辆购置税采用定额税率，税率为10%。（　　）

15. 车辆购置税实行多次课征制。（　　）

16. 乘用车和商用车，按整备质量每吨为计税依据。（　　）

17. 对外商投资企业和来华工作的外籍人员购置车辆行驶于境内公共道路的，不征收车船税。（　　）

18. 新购置的车辆如果暂不使用，可不申报缴纳车船使用税。（　　）

19. 应征收车船税的车船，是指依法应当在车船管理部门登记的车船。（　　）

20. 车船税以车辆登记注册机构为机动车车船税的扣缴义务人。（　　）

（二）单项选择题

1. 纳税人经营自用的房屋缴纳房产税的计税依据是（　　）。

A. 计税余值　　B. 房屋原值

C. 房屋净值　　D. 市场价格

2. 下列各项中，属于房产税征税对象的是（　　）。

A. 农村居民用房　　B. 国家机关自用房产

C. 国有企业所有的职工宿舍　　D. 事业单位用房

3. 下列关于房产税的表述中，不正确的是（　　）。

A. 房屋产权出典的由承典人纳税

B. 房屋出租的由承租人纳税

C. 房屋产权未确定的由代管人或使用人纳税

D. 产权人不在房屋所在地的由房屋代管人或使用人纳税

4. 以下应缴纳房产税的项目是（　　）。

A. 集团公司的仓库　　B. 露天玻璃暖房

C. 股份制企业的围墙　　D. 高等学校教学用房

5. 某单位有办公用房一幢，房产价值为5 000万元。本年度将其中的1/4对外出租，取得租金收入100万元。该省统一规定，计算房产余值时的减除幅度为20%，该单位当年应缴纳的房产税为（　　）万元。

A. 12　　B. 36

C. 48　　D. 60

6. 对以房产投资，收取固定收入，应由（　　）计缴房产税。

A. 承租方按租金收入　　B. 出租方按租金收入

C. 承租方按房产余值　　D. 出租方按房产余值

7. 下列情况中，不缴纳房产税的是（　　）。

A. 工厂的生产用房　　B. 居民自用住房

C. 个人开办的小卖部用房　　D. 公园内名胜古迹的房屋

8. 契税的纳税地点是（　　）。

A. 企业的核算地　　B. 纳税人的居住地

C. 单位的注册地　　D. 土地房屋所在地

9. 甲、乙双方发生房屋交换行为，当交换价格相等时，契税（　　）。
A. 由甲方缴纳
B. 由乙方缴纳
C. 由甲、乙双方各缴一半
D. 甲、乙双方都不缴纳
10. 参照市场上同类土地、房屋价格计算应缴纳契税的项目是（　　）。
A. 房屋买卖
B. 国有土地使用权出让
C. 土地使用权出售
D. 房屋赠与
11. 下列情况中，不征收契税的是（　　）。
A. 房屋赠与
B. 以房抵债
C. 以房产对外投资
D. 房屋产权等价交换
12. 我国现行的车辆购置税实行（　　）统一比例税率。
A. 5%
B. 10%
C. 15%
D. 20%
13. 下列车辆不征收车辆购置税的是（　　）。
A. 公共汽车
B. 电动自行车
C. 挂车
D. 摩托车
14. 下列行为中，不属于车辆购置税应税行为的有（　　）。
A. 进口使用应税车辆的行为
B. 销售应税车辆的行为
C. 自产自用应税车辆的行为
D. 购置使用应税车辆的行为
15. 下列各种车船中，不应当征收车船税的是（　　）。
A. 运输公司的客车
B. 私人拥有的运输货车
C. 临时入境的外国车船
D. 某公司的办公车辆
16. 车辆适用的车船税税率形式是（　　）。
A. 比例税率
B. 超率累进税率
C. 超额累进税率
D. 定额税率

（三）多项选择题

1. 在房产税开征地区的下列房屋，应缴纳房产税的有（　　）。
A. 企业自用房产
B. 军队机关出租的房屋
C. 个人的经营用住房
D. 名胜古迹自用的办公用房
E. 纳税人无偿使用免税单位的房屋
2. 下列对房产税纳税人的确定，正确的有（　　）。
A. 房屋产权属集体所有的，由集体单位纳税
B. 房屋产权属国家所有的，由使用人纳税
C. 房屋出租的，由出租人纳税
D. 房屋出典的，由出典人纳税
E. 房屋产权归属不清的，由代管人纳税
3. 下列应税房屋中，应按房屋余值计税的有（　　）。
A. 企业单位自用房产
B. 事业单位用于经营的房产
C. 融资租赁的房产
D. 承典的房产

4. 下列各项中，暂免征收房产税的有（　　）。

A. 房管部门向居民出租的公有住房　　B. 文化体育单位出租的公有住房

C. 个人对外出租经营的自有住房　　D. 企业向职工出租的单位自有住房

5. 房产税的纳税人可以是（　　）。

A. 房产的所有人　　B. 房产的使用人

C. 房产的承典人　　D. 房产的代管人

E. 房产的出典人

6. 下列房屋产权转移行为中，应缴纳契税的有（　　）。

A. 继承　　B. 赠与

C. 抵债　　D. 交换

7. 下列土地、房屋权属转移行为，可免征契税的是（　　）。

A. 法定继承人继承房屋权属　　B. 非法定继承人根据遗嘱承受房屋权属

C. 受赠人接受个人无偿赠与住房　　D. 城镇职工按规定第一次购买公有住房

8. 下列对契税应税行为计税依据的确定，正确的是（　　）。

A. 房屋赠与行为，以房屋评估价为计税依据

B. 房屋交换行为，以房屋的价格差额为计税依据

C. 房屋买卖行为，以成交价值为计税依据

D. 国有土地使用权出让行为，以缴纳的土地出让金为计税依据

9. 契税的纳税人可以是（　　）。

A. 外籍人员　　B. 国家机关

C. 个体经营者　　D. 军事单位

E. 军事单位

10. 以成交价格为契税计税依据的交易有（　　）。

A. 房屋买卖　　B. 土地使用权转让

C. 土地使用权交换　　D. 受赠房屋

11. 下列各种车船中，属于车船税征税范围的有（　　）。

A. 火车　　B. 节能汽车

C. 非机动驳船　　D. 燃料电池乘用车

12. 在车船税中，以整备质量为计税依据的有（　　）。

A. 乘用车　　B. 三轮汽车

C. 非机动驳船　　D. 客货两用汽车

13. 按照车辆购置税的规定，下列说法正确的有（　　）。

A. 征收环节选择在使用环节

B. 自购买之日起 30 日申报纳税

C. 车辆购置税税款一次缴清

D. 获奖的应税车辆应自取得之日起 60 日内申报纳税

14. 车辆购置税的应税行为具体包括（　　）。

A. 购买使用行为　　B. 进口使用行为

C. 受赠使用行为　　D. 自产自用行为

E. 获奖使用行为

15. 房屋购买行为，按规定必须缴纳的税收有（　　）。

A. 印花税

B. 土地增值税

C. 房产税

D. 契税

E. 城市维护建设税

（四）计算题

1. 某国有企业上年购入一栋房屋，原值 200 万元，本年 1 月以融资租赁方式将其租赁给另一企业，租期 7 年，年租金 40 万元。

要求： 计算该企业本年应缴纳的房产税（该企业所在省规定允许按房产原值一次扣除 20%）。

2. 某国家机关与某银行的市分行出资合建一座办公大楼，建成后各分一半作办公用房，其房产原值为 1.2 亿元。

要求： 计算纳税人应缴纳的房产税（当地规定允许扣除房产原值的 20%）。

3. 甲、乙双方共同合作投资办厂，甲方以原厂房作为投资，房产原价为 500 万元；乙方出资 400 万元。双方商定，不论今后盈利状况如何，甲方每年可得到固定回报 50 万元。

要求： 计算甲方应缴纳的房产税（当地规定允许扣除房屋原值的 30%）。

4. 某外商投资企业接受某国有企业以房产投资入股，市场价格为 100 万元；同年又以自有房产与另一企业交换一处房产，支付差价款 300 万元；当年经政府有关部门批准取得一块土地，缴纳出让金 150 万元。

要求：计算该企业应缴纳的契税（当地契税税率为 5%）。

5. 某纳税人以 12 万元的价格（不含增值税）购买了一辆神龙富康轿车自用，在他购车之后、未办理纳税手续之前，国家规定该车车辆购置税最低计税价格从 11.3 万元降到 8.5 万元。

要求：计算该纳税人应缴纳的车辆购置税。

6. 某运输公司某年度共有载客人数 20 人的商用客车 20 辆（当地规定：商用客车每辆每年税额为 1 200 元），8 吨的商用货车 22 辆（当地规定：商用货车按整备质量每吨每年税额为 110 元）；有乘用车 15 辆，其中排气量为 3.5 升的 9 辆（当地规定：每辆每年税额为 3 100元），排气量为 4.2 升的 6 辆（当地规定：每辆每年税额为 3 500 元）。

要求：计算该公司该年度应缴纳的车船税。

第十章

行为和目的税类

第一部分 学习指导

行为和目的税一般来说都有特别的针对性。有些税种是出于特别的目的，例如，环境保护税开征的目的不是取得税收收入，而是试图通过征税减少排污、保护环境。因此，行为和目的税的有些税种具有临时税性质，当某种特定目的已经达成时，该税种就可适时废止。有些税种是针对特别的行为征收的，例如，印花税最早开征的时候就是荷兰国王为了“拔最多的鹅毛，听最少的鹅叫”，对大量的凭证通过加盖印花的行为进行征收的，在纳税人没有感觉到很重压力的同时，国家获不菲的收入。因此，行为和目的税有些是为了财政收入的需要，有些是为了社会政策的需要，还有些是为了国家特定的临时需要。需要明确的是，税收的职能是有限度的，片面夸大行为和目的税的作用往往达不到好的效果。例如，历史上曾经开设过的筵席税，有人提出但没有开征的计划生育税等，都是无限度扩大税收职能范围的结果。

在第一节中，首先简要地说明印花税是一个征收面越来越广泛的税种，虽然税率低，但具有广集资金、积少成多的财政效应。印花税由纳税人自行完纳税收义务，与其他税种的缴纳方法有较大区别。它虽是一个小税种，但由于经济凭证的复杂多样，使得印花税的征税范围和计税依据有一定的复杂性。

在学习印花税制的主要内容时，应具体把握：

1. 征税范围。税法列举的应税凭证分为四个大类，共有17个税目，应尽可能具体地了解它们所包含的内容。

(1) 合同和具有合同性质的凭证是一个大类。关键在于掌握合同的概念。税目共列举了11类。其中：

①买卖合同的征税范围除适用税率表中列举的项目外，还包括各出版单位与发行单位之间订阅的图书、报刊、音像征订凭证。对于工业、商业、物资、外贸等部门经销和调拨商品、物资供应的调拨单等各种名称单、卡、书、表，需区分其性质和用途，即看它是作为部门内执行计划使用，还是代替合同使用，以确定是否贴花。凡是明确双方供需关系，据以供货和结算，具有合同性质的凭证，应依法纳税。

②租赁合同，还包括企业、个人出租商店、柜台等所签订的合同，但不包括企业与主管部门签订的经营性商店租赁承包合同。

③仓储合同，还包括作为合同使用的仓单、栈单（或称入库单）。对某些不规范的凭证，可就其结算单据作为计税凭证。

④技术合同。技术转让合同包括专利申请转让、非专利技术转让所书立的合同，但不包括专利权转让、专利实施许可所书立的合同，这些应属于财产权转移书据。技术咨询合同是合同当事人就有关项目的分析、论证、评价、预测和调查订立的技术合同，而一般的法律、会计、审计等方面的咨询不属于技术咨询，其所立合同不贴印花。技术培训合同包括技术服务合同、技术培训合同（不包括各类职业培训、文化学习、职工业余教育等订立的合同）、技术中介合同。

此外，办理一项业务（如货物运输、仓储保管、财产保险、银行借款），同时书立合同和开立单据的，只就合同贴花；不书立合同，只开立单据，以此作为合同使用的，就单据贴花。

（2）须明确，营业账簿的征税范围是指记载资金的账簿，目前是指记载“实收资本”和“资本公积”的账簿。

2. 纳税人。按征税范围划分，具体包括四类人。其中，订立各种财产转移书据的立据人，如未贴花或少贴花，由书据的持有人负责补贴印花；所立书据以合同方式签订的，由持有书据的各方分别按全额贴花。

3. 税率。现行印花税税率基本采用比例税率，且印花税的比例税率都较低，采用的是千分比或万分比的形式。要明确各种税率的具体适用范围，熟悉印花税税目税率表的内容。

第二节中，环境保护税是2018年1月1日开征的税种，其开征具有明显的目的性，即寓禁于征、保护环境。特别要注意，这一税种的纳税人是直接排放者，即直接向环境排放应税污染物的企业事业单位和其他生产经营者，居民家庭排放污染物是不用缴纳环境保护税的。征税范围包括大气污染物、水污染物、固体废物和噪声。其计税依据是污染当量、排放量或分贝，数据来源于技术检测设备及相关机构，不同于此前所学习的税种。

第三节烟叶税中，首先要明确烟叶税是在2006年取消农业税，相应地取消农业特产农业税以后，为保持对烟叶的税负，缓解烟叶产区地方财政困难，而开征的一个税种。

在烟叶税的内容中，重点了解该税种是对收购晾晒烟叶和烤烟叶的单位，依据其收购的金额（包括烟叶收购价款和价外补贴），按照20%的税率征收的一种税。

第四节，城市维护建设税和教育费附加。应注意明确其概念、作用，掌握其计征依据和计征比率。城市维护建设税和教育费附加两者的计征依据都是纳税人缴纳的增值税、消费税的税额之和，具有明显附加税（费）的特点，这与其他税种有显著区别。两者的另一个共同特点是，都具有明显的专款专用性质，城市维护建设税用于城市的维护和建设，教育费附加用于发展地方教育事业，改善中小学教学设施和办学条件。

第二部分　内容提要

- 一、印花税
  - 征税范围
    - 各类经济、技术合同 —— 借款合同、融资租赁合同、买卖合同、承揽合同、建设工程合同、运输合同、技术合同、租赁合同、保管合同、仓储合同、财产保险合同等及具有合同性质的凭证
    - 产权转移书据 —— 土地使用权出让书据、土地使用权、房屋等建筑物和构筑物所有权转让书据、股权转让书据、商标专用权、著作权、专利权、专有技术使用权转让书据
    - 营业账簿 —— 记载实收资本（股本）、资本公积资金的账簿等
    - 证券交易 —— 转让在依法设立的证券交易所、国务院批准的其他全国性证券交易场所交易的股票和以股票为基础的存托凭证
  - 纳税人 —— 在中华人民共和国境内书立应税凭证、进行证券交易的单位和个人
  - 税率 —— 现行印花税基本采用比例税率的形式。适用的比例税率，共分为五个档次，即0.05‰、0.25‰、0.3‰、0.5‰、1‰
  - 计税依据
    - 应税合同的计税依据，为合同所列的金额，不包括列明的增值税税款
    - 应税产权转移书据的计税依据，为产权转移书据所列的金额，不包括列明的增值税税款
    - 应税营业账簿的计税依据，为账簿记载的实收资本（股本）、资本公积合计金额
    - 证券交易的计税依据，为成交金额
  - 应纳税额的计算 —— 应纳税额=凭证所载金额×适用税率
  - 纳税期限
    - 纳税义务发生时间为纳税人书立应税凭证或者完成证券交易的当日
    - 按季、按年或者按次计征
  - 纳税地点 —— 机构所在地

- 二、环境保护税法基本要素
  - 征税对象
    - 大气污染物
    - 水污染物
    - 固体废物
    - 噪声
  - 纳税人 —— 在中华人民共和国领域和中华人民共和国管辖的其他海域，直接向环境排放应税污染物的企业事业单位和其他生产经营者
  - 税率
    - 大气污染物 —— 每污染当量1.2—12元
    - 水污染物 —— 每污染当量1.4—14元
    - 固体废物
      - 煤矸石 —— 每吨5元
      - 尾矿 —— 每吨15元
      - 危险废物 —— 每吨1 000元
      - 冶炼渣、粉煤灰、炉渣、其他固体废物（含半固态、液态废物） —— 每吨25元
    - 噪声（工业噪声）
      - 超标1—3分贝 —— 每月350元
      - 超标4—6分贝 —— 每月700元
      - 超标7—9分贝 —— 每月1 400元
      - 超标10—12分贝 —— 每月2 800元
      - 超标13—15分贝 —— 每月5 600元
      - 超标16分贝以上 —— 每月11 200元

- 三、环境保护税应纳税额的计算
  - 计税依据的确定
    - 应税大气污染物 —— 按照污染物排放量折合的污染当量数确定
    - 应税水污染物 —— 按照污染物排放量折合的污染当量数确定
    - 应税固体废物 —— 按照固体废物的排放量确定
    - 应税噪声 —— 按照超过国家规定标准的分贝数确定
  - 应纳税额的计算
    - 应税大气污染物
      - 应纳税额=污染当量数×适用税额
      - 污染当量数=污染排放量÷污染当量值
    - 应税水污染物
      - 应纳税额=污染当量数×适用税额
      - 污染当量数=污染排放量÷污染当量值
    - 应税固体废物
      - 应纳税额=固体废物排放量×适用税额
      - 固体废物排放量=当期固体废物产生量–当期固体废物贮存量–当期固体废物处置量–当期固体废物综合利用量
    - 应税噪声 —— 应纳税额为超过国家规定标准的分贝数对应的具体适用税额

- 四、环境保护税征收管理
  - 纳税义务发生时间 —— 纳税人排放应税污染物的当日
  - 纳税时间
    - 按月计算，按季缴纳 —— 季度终了之日起15日内
    - 不能按固定期限计算缴纳的，可以按次申报缴纳 —— 纳税义务发生之日起15日内
  - 纳税地点 —— 应税污染物排放地

- 五、烟叶税
  - 含义 —— 对在我国境内收购烟叶的单位就其收购金额和规定的税率计算征收的一种税
  - 纳税人 —— 在我国境内从事烟叶收购的单位，具体包括有权收购烟叶的烟草公司或者受其委托收购烟叶的单位
  - 征税对象 —— 烟叶，包括晾晒烟叶、烤烟叶
  - 税率 —— 实行20%的比例税率
  - 应纳税额的计算
    - 计税依据
      - 纳税人收购烟叶的收购金额，包括纳税人支付给烟叶销售者的烟叶收购价款和价外补贴
      - 收购金额=收购价款×（1+10%）
    - 应纳税额 —— 应纳税额=烟叶收购金额×税率
  - 纳税义务发生时间 —— 纳税人收购烟叶的当天
  - 纳税期限 —— 自纳税义务发生之日起30日内
  - 纳税地点 —— 烟叶收购地

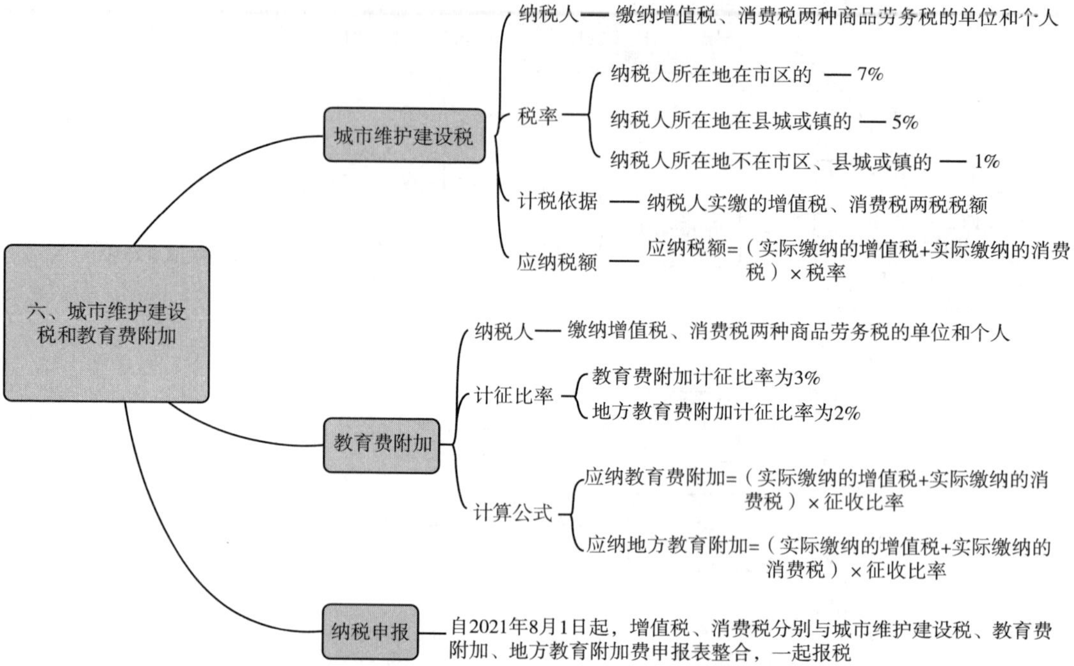

第三部分　思考与练习

一、基本概念

1. 印花税

2. 环境保护税

3. 烟叶税

4. 城市维护建设税

5. 教育费附加

二、思考与讨论

1. 印花税有什么特点？

2. 印花税的缴纳方法是怎样规定的？

3. 征收环境保护税有何意义？

4. 我国为什么要征收烟叶税？

5. 烟叶税的主要内容是什么？

三、练习

（一）判断题

1. 施工单位在签订建筑工程承包合同时，已按承包总金额计算缴纳了印花税，因此，施工单位将承包的工程再分包或转包给其他单位时，其所签订的分包或转包合同，不需再按所载金额另行贴花。（　）

2. 纳税人书立应税合同时，已按规定缴纳了印花税，如该合同没有兑现，税务机关应退还其已缴纳税款。（　）

3. 企业发生分立、合并和联营等变更后，即使不需办理法人登记，其原有资金账簿已贴的印花税也不再有效。（　）

4. 一份合同由两方或两方以上当事人共同签订，签订合同的各方都是印花税的纳税人，各方都应按合同所记载金额计算的应纳税额纳税。（　）

5. 规定按金额计税的应税凭证，如只载明数量，未标明金额的，可定额征收印花税。

（　）

6. 按比例税率计算，其应纳印花税额不足1角的，免税；财产租赁合同应纳税额超过1角、不足1元的，按1元贴花。（　）

7. 已缴纳印花税的凭证副本，不再纳税；但已税正本遗失或毁损，而以副本替代使用的，副本也应另行贴花。（　）

8. 在应税凭证上未贴或少贴印花税票的，税务机关除责令其补贴印花税票外，可处以其应纳印花税额3—5倍的罚款。（　）

9. 两家外国企业的代表来我国参加某项技术研讨会，在会上双方签订了一项技术开发合同，因合同于我国境内签发，双方应按规定缴纳印花税。（　）

10. 易货合同是一项既购又销的双重经济行为的合同，应按易货总额计算印花税。

（　）

11. 烟叶税的纳税人为在我国境内从事烟叶生产的单位。（　）

12. 城市维护建设税按纳税人实际缴纳的增值税等税种的应纳税额计征，对纳税人所缴增值税等税种所处的滞纳金和罚款，也是城市维护建设税的计税依据。（　）

13. 进口货物按规定由海关代征增值税、消费税，不征收城市维护建设税；出口货物按规定退还增值税、消费税的，退还已缴纳的城市维护建设税。（　）

14. 环境保护税的纳税人为在我国境内直接向环境排放污染物的单位和个人。（　）

（二）单项选择题

1. 某企业 2022 年资本账簿记载实收资本累计 500 万元，资本公积 400 万元。该企业 2021 年资金账簿已贴印花税票 2 000 元，则该企业 2022 年应缴纳的印花税为（　　）元。

A. 0　　B. 2 500

C. 250　　D. 4 500

2. 某建筑安装工程公司与某大厦筹建处签订了承包金额为 8 000 万元的工程承包合同后，又将其中 3 000 万元工程分包给另一建筑公司，并与之签订了分包合同，则该建筑安装工程合同应缴纳的印花税为（　　）万元。

A. 0.9　　B. 1.5

C. 2.4　　D. 3.3

3. 永安汽车修配厂与机械进出口公司签订购买价值 2 000 万元的测试设备合同，为购买此设备又与某工商银行签订借款 2 000 万元的借款合同。后因故，购销合同作废，改签融资租赁合同，租赁费 1 000 万元。至此，该厂共应缴纳的印花税为（　　）元。

A. 1 500　　B. 6 500

C. 7 000　　D. 17 000

4. 我国现行烟叶税的税率为（　　）。

A. 5%　　B. 15%

C. 20%　　D. 30%

5. 环境保护税采用的税率是（　　）。

A. 超额累进税率　　B. 比例税率

C. 超率累进税率　　D. 定额税率

6. 烟叶税的征税范围包括（　　）。

A. 晾晒烟叶　　B. 烟丝

C. 雪茄烟　　D. 卷烟

7. 下列企业属于城市维护建设税纳税人的是（　　）。

A. 缴纳消费税的外商投资企业

B. 缴纳资源税的国有企业

C. 缴纳车辆购置税的私营企业

D. 缴纳城镇土地使用税的集体所有制企业

8. 下列说法正确的是（　　）。

A. 只要缴纳增值税，就会缴纳城市维护建设税

B. 同时缴纳增值税、消费税的纳税人，才能成为城市维护建设税的纳税人

C. 只要退还增值税和消费税，就退还城市维护建设税

D. 城市维护建设税的纳税人是缴纳增值税、消费税的单位和个人

9. 位于县城或镇的城市维护建设税纳税人的适用税率是（　　）。

A. 1%　　B. 3%

C. 5%　　D. 7%

（三）多项选择题

1. 下列从事商事活动、产权转移等行为所书立、领受的凭证，属于印花税应税凭证的有（　　）。

A. 某国有企业与国外一家企业签订的供货合同

B. 在境内设立机构的两家外国企业之间签订的技术转让合同

C. 两家企业下属不具备独立民事主体资格的车间之间签订的技术服务合同

D. 企业与主管部门签订的租赁承包合同

E. 建筑工程总承包公司与分包公司签订的分包合同

2. 下列凭证中，不属于印花税应税凭证的有（　　）。

A. 会计师事务所与某单位签订的会计咨询合同

B. 银行同业拆借所签订的借款合同

C. 土地使用权转让书据

D. 税务师事务所与委托单位之间签订的委托税务代理合同

E. 出版单位与发行单位之间订立的图书征订凭证

3. 参与合同签订活动的下列人员中，负有纳税义务的有（　　）。

A. 合同的当事人

B. 合同的保证人

C. 合同的证人

D. 合同当事人的代理人

E. 合同的鉴定人

4. 下列账簿中，属于印花税征税范围的有（　　）。

A. 实行企业化管理的事业单位，反映资金的账簿

B. 企业单位内部职工食堂的经营收支账簿

C. 实行分级核算形式的单位，财会部门设在其他部门和车间的明细分类账簿

D. 由国家财政拨付部分事业经费的事业单位，记载经营业务的账簿

E. 跨地区经营的企业，其分支机构使用的“实收资本”账簿

5. 下列对印花税计税依据的确定，正确的有（　　）。

A. 由受托方提供原材料的加工、定做合同，无论何种情况，均就合同全部金额按加工承揽合同计税

B. 国内各种形式的货物联运合同，凡在起运地统一结算全程运费的，以全程运费为计税依据

C. 财产保险合同，以投保金额为计税依据

D. 技术开发合同，只就合同中所载的报酬金额计税

E. 记载资金的营业账簿，以实收资本和资本公积的合计金额为计税依据

6. 下列应税凭证中，可以免征印花税的有（　　）。

A. 国家收购部门与村委会签订的农产品收购合同

B. 无息、贴息贷款合同

C. 国际金融组织向我国企业提供的优惠贷款所书立的合同

D. 合同的副本或抄本

E. 牧业畜类保险合同

7. 下列借款合同的计税依据，正确的有（　　）。

A. 流动资金周转性借款合同，以规定的最高限额为计算依据

B. 一项借款业务既签订借款合同又开借据的，分别以借款合同所载金额和借据金额计税

C. 融资租赁合同，按合同所载租金总额计税

D. 财产抵押贷款合同，按抵押的财产价值计税

E. 基本建设贷款，先按年度用款计划分年签订借款合同，最后一年再按总概算签订借款总合同的，只就其借款总合同的金额计税

8. 环境保护税的征税范围包括（　　）。

A. 噪声　　B. 固体废物

C. 大气污染物　　D. 水污染物

E. 生活垃圾

9. 下列事项免征环境保护税的有（　　）。

A. 农业生产（不包括规模化养殖）排放应税污染物的

B. 规模化养殖排放应税污染物的

C. 机动车排放应税污染物的

D. 工业生产产生的噪声

E. 居民家庭排放的废水

10. 下列行为中，需要缴纳城市维护建设税和教育费附加的有（　　）。

A. 政府机关出租房屋的行为

B. 油田开采天然原油并销售的行为

C. 个人出租房屋的行为

D. 企业在证券市场购买股票的行为

11. 某生产企业生产销售一次性木筷子，取得的销售收入应缴纳（　　）。

A. 增值税　　B. 消费税

C. 城市维护建设税　　D. 教育费附加

（四）计算题

1. 某市第一建筑安装公司与某局签订了一份承包新建办公大楼的合同，承包总金额为2 800万元。第一建筑安装公司又将工程中的内部装修部分转包给美雅装修公司，双方签订金额为200万元的转包合同。

要求：计算各方应缴纳的印花税。

2. 成都丹尼服装公司向日本出口一批服装，与成都公路运输公司、重庆内河运输公司和日本的某远洋运输公司签订了货物联运合同。合同规定，服装公司在成都向公路运输公司一次结算国内运费6.4万元，由成都公路运输公司与重庆内河运输公司自行分配；服装公司另向日本远洋运输公司支付国际运费8 000美元（折合人民币6.64万元）。

要求：计算以上各方应缴纳的印花税。

3. 某县城的甲卷烟厂2022年8月主要缴纳税金情况如下：

（1）向国税机关缴纳消费税250 000元，增值税120 000元；

（2）被查补消费税52 000元，增值税6 000元，被处以罚款3 000元，加收滞纳金400元；

（3）进口一批烟丝被海关征收关税48 000元，增值税52 000元，消费税60 000元。

要求：计算甲卷烟厂2022年8月应缴纳的城市维护建设税和教育费附加合计数额。

第十一章

税务管理

第一部分　学习指导

本章讲述了纳税人在履行纳税义务的过程中，所必须经过的税务管理流程，也是税务机关为保证国家税收收入的实现，在日常征收管理中所实施的基本管理制度和管理行为。

本章内容的实务操作性比较强，建议教与学中阅读并填制一些相关的表证，如发票领购申请审批表、税收缴款书（包括通用和专用缴款书）、税收（出口货物专用）缴款书、纳税定额申请核定表、代扣代收代缴税款凭证、退税申请表、增值税一般纳税人申请审核表，以及填开发票等。

第一节原本是本章的重点。在商事登记制度简化后，税务登记的部分内容不再需要重点学习。从原理上讲，对于纳税人来说，进行纳税登记意味着必须接受税务机关的监督管理，同时取得了合法的地位，享有依法获得税务服务、领购发票、行政复议、减免退税的权利，并应履行税收法律、法规所要求承担的各项纳税义务。税务登记是《中华人民共和国税收征收管理法》规定的程序，但由于商事登记制度改革的不断推进，在实际工作中税务登记手续与工商登记已经合并，纳税人不需要单独办理税务登记。因此，在学习本章时，可以适当简化税务登记的学习内容，只需要了解纳税信息采集、信息变更、停业复业登记、办理清税证明和办理外出报验登记即可。

第二节中，账簿、凭证是指纳税人进行生产经营管理中发生的原始凭证和记账凭证，不包括税务机关向纳税人征收税款或纳税人向国家金库缴纳税款所使用的专用凭证，如税收完税凭证、税收专用或通用缴款书、专用扣税凭证、税票调换证等。纳税人凭证、账簿的管理主要包括三方面内容：

1. 按有关规定建账（包括建账范围和时间要求）。

2. 建立备案制度，即纳税人的财务、会计制度或者财务、会计处理办法和会计核算软件，应当报送主管税务机关备案。

3. 保管好会计档案。

按照目前有关法律规定，会计档案保管期限如表 11－1 所示。

发票的管理是本章重点。应明确，发票是由各级税务机关统一管理。发票管理就是税务机关依法对发票印制、领购、开具、取得、保管、缴销的全过程进行组织、协调、监督等各项活动。其中，与纳税人关系最密切的是领购、开具、保管、缴销，以及发票管理的罚则。

表 11－1　　企业和其他组织会计档案保管期限表

序号	档案名称	保管期限	备　　注
一	会计凭证类		
1	原始凭证	15 年	
2	记账凭证	15 年	
3	汇总凭证	15 年	
二	会计账簿类		
4	总账	15 年	包括日记账
5	明细账	15 年	
6	日记账	15 年	现金日记账和银行存款日记账 25 年
7	固定资产卡片		固定资产报废清理后 5 年
8	辅助账簿	15 年	
三	财务报告类		包括各级主管部门
9	月、季度财务报告	3 年	包括文字分析
10	年度财务报告（决算）	永久	包括文字分析
四	其他类		
11	会计移交清册	15 年	
12	会计档案保管清册	永久	
13	会计档案销毁清册	永久	
14	银行存款余额调节表	5 年	
15	银行对账单	5 年	

关于发票的领购，需注意：(1) 领购对象；(2) 领购中的保证制度；(3) 领购的要求和手续。发票领购流程如图 11－1 所示。

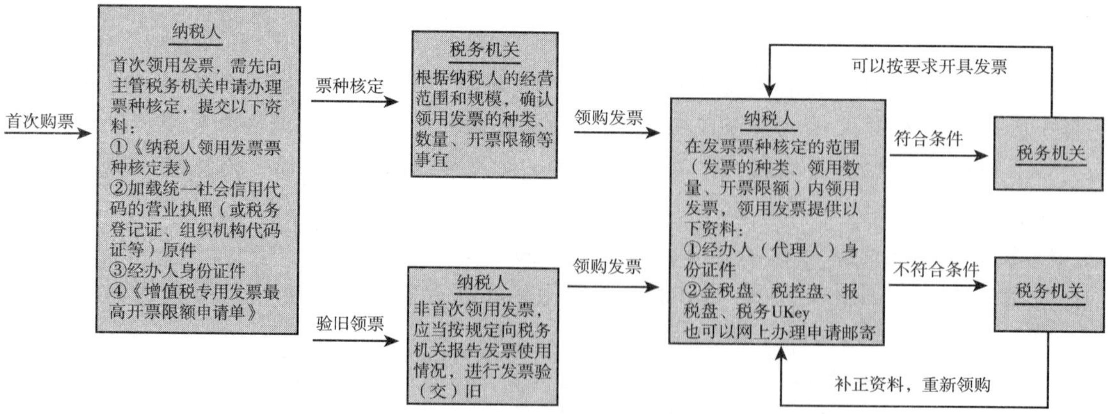

图 11－1　发票领购流程

发票开具的基本原则是“都开都要”。要懂得开具发票的规范要求，包括开具的时限、具体要求和红字发票的管理等。

关于发票的保管，要了解空白发票的保管、作废发票的保管、发票存根的保管，以及发票丢失的处理。

发票缴销的情况和程序如图 11－2 所示。

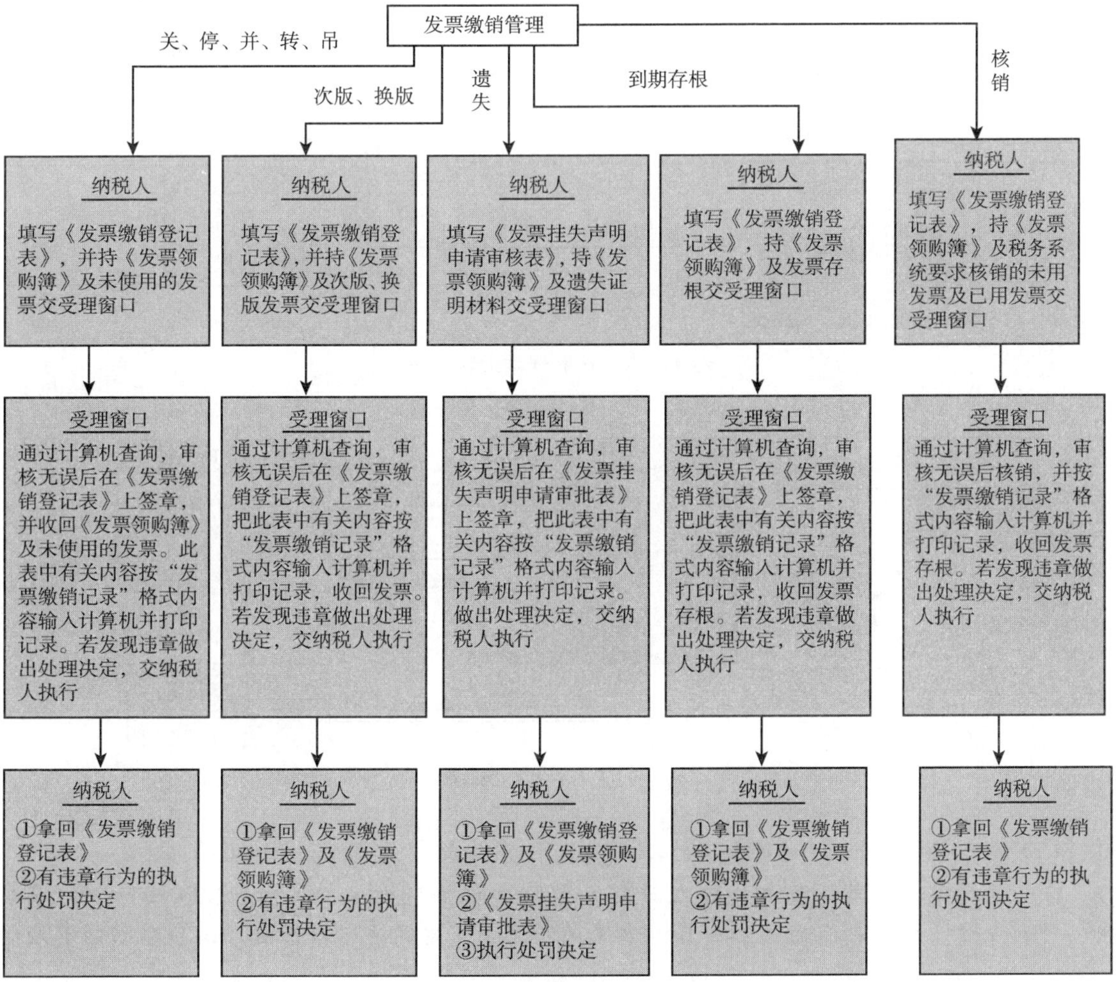

图 11－2　发票缴销的情况和程序

第三节，纳税申报和税款缴纳是本章的重点。

1. 纳税人自行申报纳税，是当前税收征管改革的目标之一，是新的征管模式的基础和首要环节，有利于培养纳税人主动纳税的意识。《中华人民共和国刑法》规定，经税务机关通知申报，但拒不申报或者采取虚假的纳税申报手段，不缴或者少缴应纳税款的行为，属于逃税行为。学习中，需加深对纳税申报重要性的认识。在此基础上，掌握纳税申报的对象、内容、方式和期限。

2. 税款缴纳，包括两部分内容：

（1）税款缴纳的方式和程序。其中，自核自缴方式的流程如图 11－3、图 11－4 所示；

核定征收要注意其适用范围，以及定额调整的规定，其流程如图 11－5 所示。

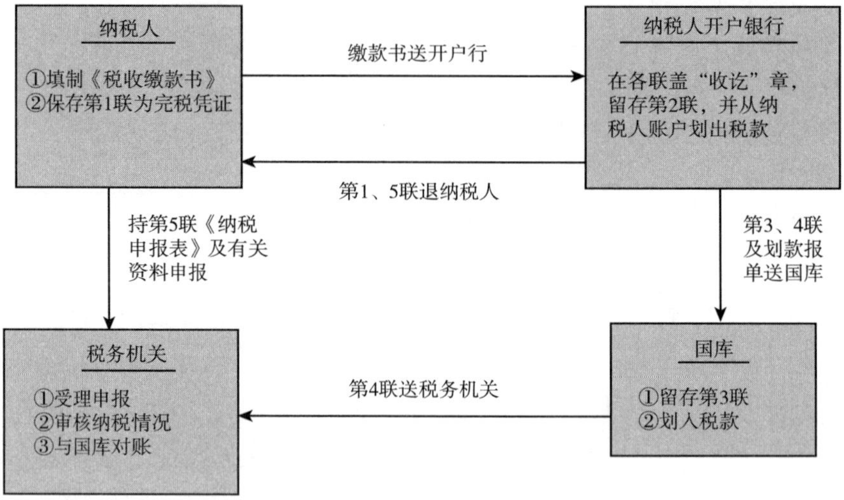

图 11－3　转账划款缴税流程

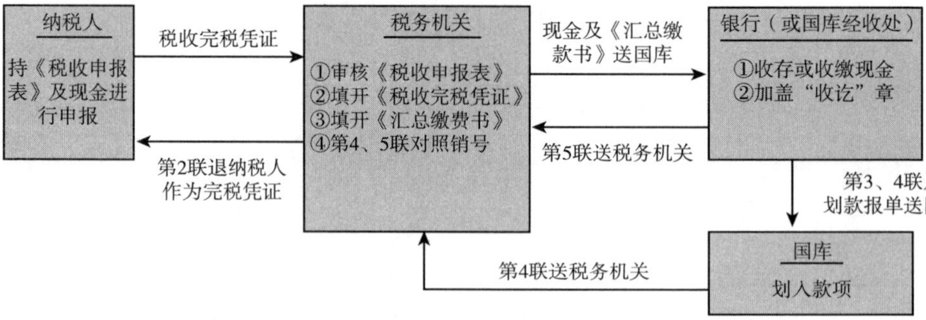

图 11－4　现金缴税流程

（2）保证税款及时、足额征收的措施。其中需注意：

①加收滞纳金，是从滞纳税款之日起，按日加收滞纳税款万分之五（0.5‰）的滞纳金。特别注意，纳税期限的最后一日，如果遇到国家规定的法定节假日，纳税期限向后顺延一天。

②采取税收保全措施和税收强制措施的前提条件和基本程序不能省略或跨越，也不能颠倒，其流程分别如图 11－6、图 11－7 所示。

③提供纳税担保的条件和方式。

④阻止出境的对象、条件和程序。

⑤税款追征不同情况的年限，注意有特殊情况的，追征期可以延长至 5 年，对偷税、抗税、骗税的，可无限期追征。

⑥核定税额的对象。

3. 纳税检查，主要了解征纳双方在纳税检查中的权利和义务，权利和义务对应关系列表如表 11－2 所示。

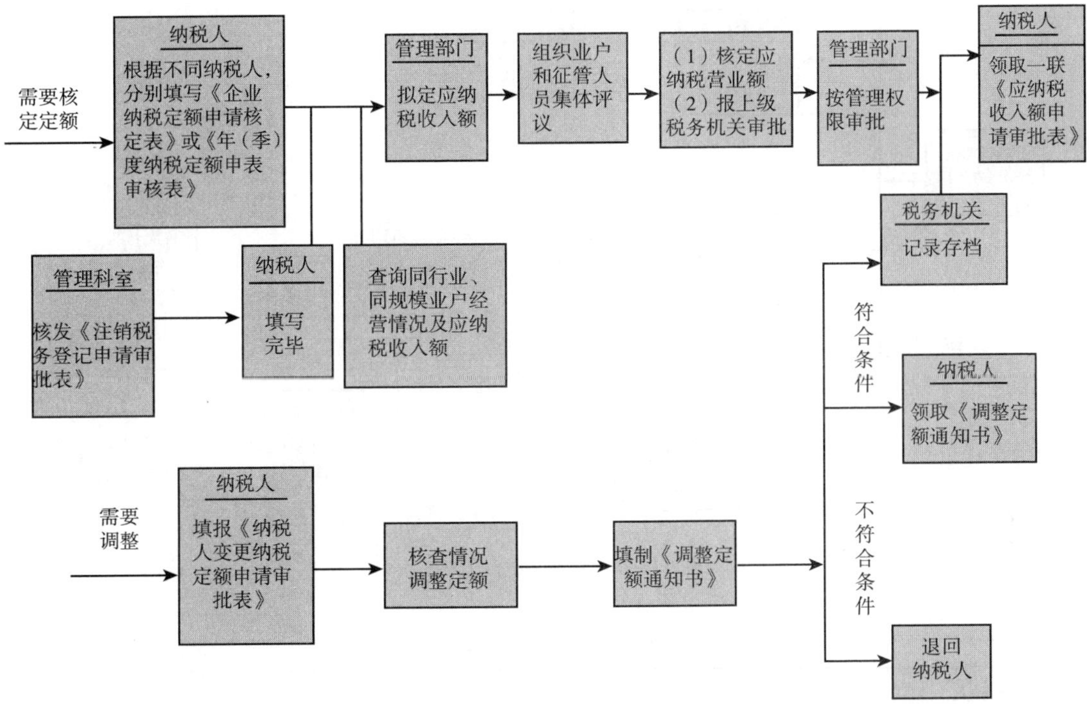

图 11－5　核定征收及额定调整流程

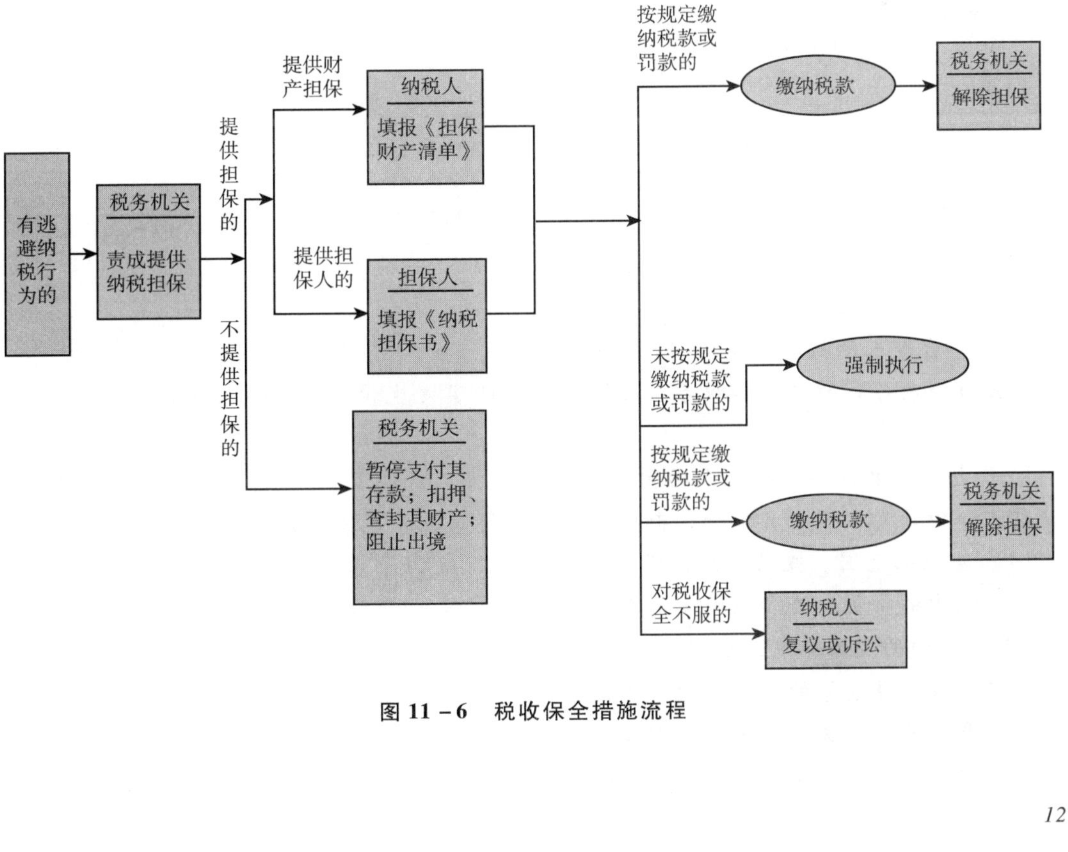

图 11－6　税收保全措施流程

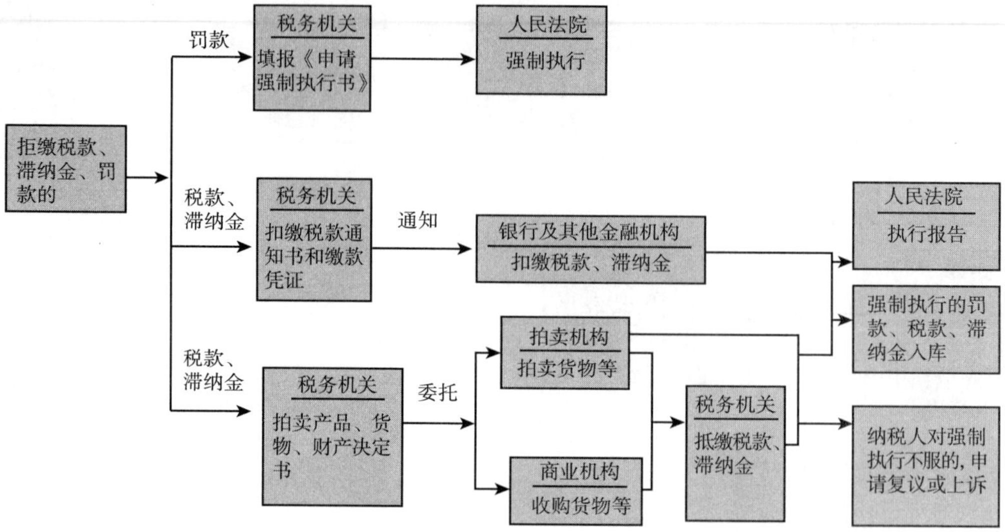

图 11－7　强制执行措施流程

表 11－2　　权利和义务对应关系

当事人	权　　利	义　　务
税务机关	1. 对账簿、凭证和有关资料的检查权 2. 场地检查权（包括车站、码头、邮局） 3. 要求提供文件、证明材料和有关资料 4. 询问权 5. 检查存款账户权	1. 出示证件的义务 2. 为被查人保密的义务
纳税人、扣缴义务人及其他当事人	1. 要求税务机关出示证件的权利 2. 要求税务机关保密的权利	1. 如实反映、提供资料的义务 2. 接受检查的义务

第四节，税务代理，主要掌握两个内容：

1. 税务代理的业务范围；

2. 税务代理人的权利和义务。

第五节，税务行政复议和税务行政诉讼，讲述了发生税务行政争议时，应该如何处理。其途径如下：

1. 税务行政复议。从纳税人的角度，主要掌握：哪些税务行政争议可提请复议，向谁提请复议，申请复议人应具备什么条件，以及对复议机关裁决不服又应如何办理等。

（1）复议的范围。概括地说，所有属于税务行政的争议，都可以提请复议。其中，对税务机关做出的征税行为和某些不予依法办理或答复的行为，必须先行复议（必经复议范围），其他方面的税务争议，也可以不经过复议，直接向人民法院起诉（选择复议范围）。

凡先经过税务复议的，它与税务诉讼便具有承接关系。

应注意，税务机关不予依法办理或答复的行为中，只有不予审批减免税或出口退税、不予抵扣税款、不予退还税款的行为才属必经复议范围。

(2) 复议的管辖。税务行政复议的管辖分为一般管辖和特殊管辖两种。一般管辖还包括上一级税务机关管辖、申请人选择管辖和国家税务总局本机关管辖三种情况。

(3) 复议的申请。主要包括申请条件和申请方式两项内容。申请复议条件教材中列举了六项，其中要特别注意两点：

① 凡属必经复议范围的争议，当事人请求复议权利的取得须基于按期缴纳税务机关确定的税额或解缴税款和滞纳金，可称为现行给付原则；否则，就无权提请复议。而未经税务机关复议，法院也不予受理。这样，当事人的合法权益即使受损，也不可能得到纠正和补偿。

② 当事人申请复议的权利，必须在规定的时间范围行使才有效，超过法定期限，视为当事人默认放弃了复议权。复议申请一律要求以书面形式进行，其流程如图 11－8 所示。

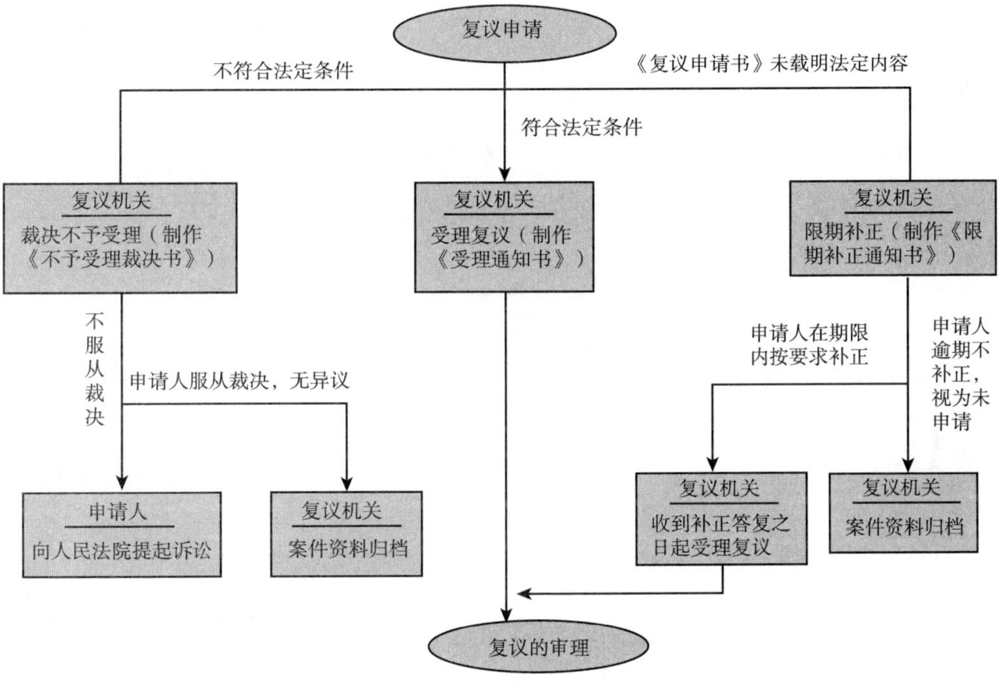

图 11－8　复议申请流程

(4) 对复议机关的裁决不服的，有以下两种情形：

① 对复议机关不予受理或者受理后超过复议期限不作答复的裁决不服的，可在收到不予受理决定书之日起或者行政复议期满之日起 15 日内，向法院提起诉讼；

② 对复议机关经过审理后做出的复议决定不服的，可在接到复议决定之日起 15 日内向法院提起诉讼。申请人逾期不起诉又不履行复议决定的，将被强制执行。其流程如图 11－9、图 11－10 所示。

2. 税务行政诉讼。作为纳税人，应主要掌握在什么情况下可以提起诉讼。首先，起诉的内容是属于税务行政诉讼受案范围的；其次，在规定的时限内提起诉讼，具体有四种情形；最后，是明确的被告，需区别五种情况确定。

税务行政诉讼流程如图 11－11 所示。

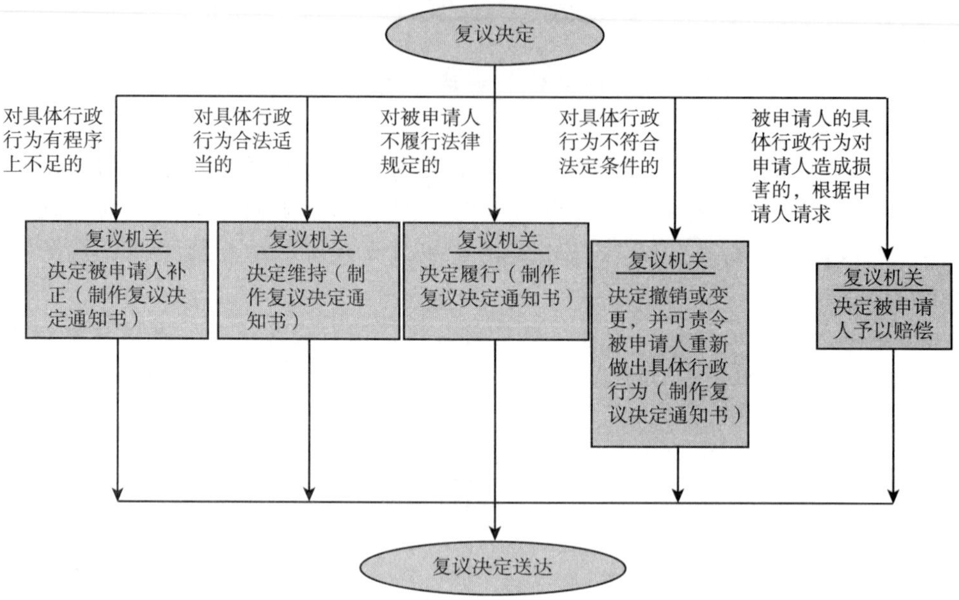

图 11－9　复议决定流程

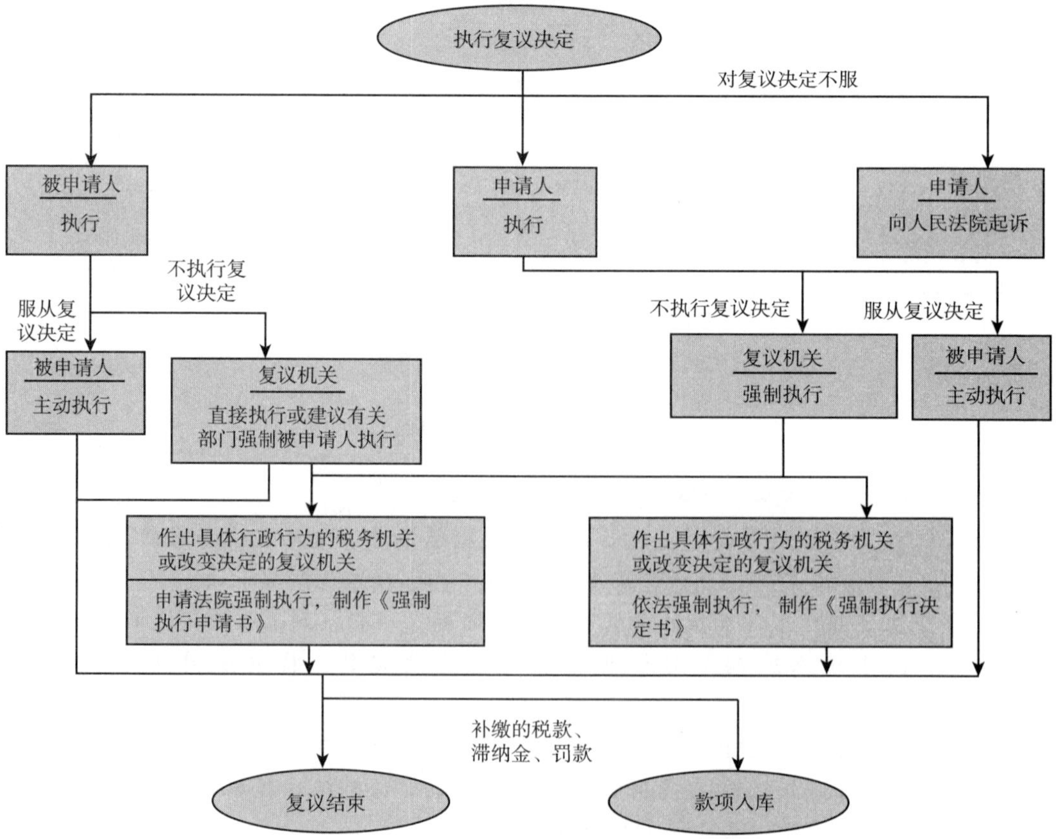

图 11－10　复议决定执行流程

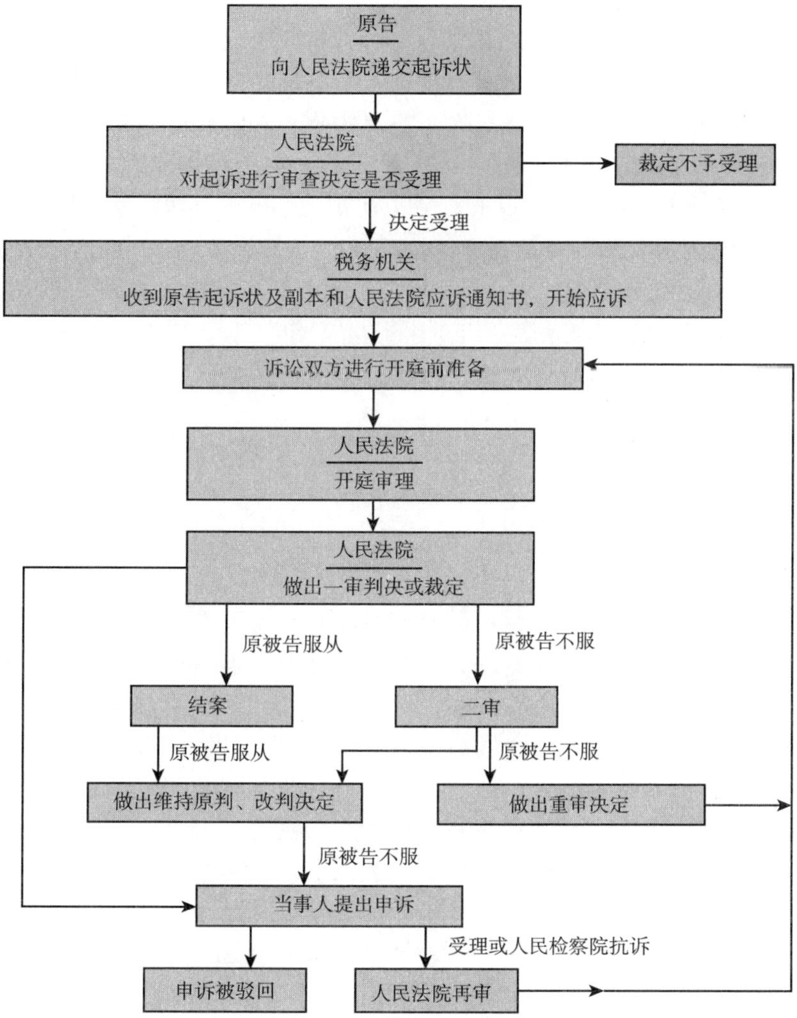

图 11－11　税务行政诉讼流程

第六节，税收当事人的权利、义务和法律责任。在税收法律关系中，主要涉及的当事人有税务机关、纳税人、扣缴义务人、税务代理人等。本节相对集中地讲述了这些税收当事人在征纳过程中应该享有的权利和应该承担的义务，以及不履行这些义务所应当承担的法律责任。其中应重点掌握的内容有：

1. 纳税人的权利和义务。

（1）概括地讲，我国纳税人、扣缴义务人在税收征管中享有的权利主要有三个方面：一是申请税收管理服务的权利；二是维护自身合法权益的权利；三是监督权。

（2）与权利相对应，税收法律法规赋予了纳税人必须按时办理税务登记等六项义务。

2. 税务机关的权利与义务。为了确保税务机关职能作用的发挥，《中华人民共和国税收征收管理法》（以下简称为《征管法》）赋予了税务机关管理权、征收权等广泛的权利。与此对应，税务机关也必须履行国家规定的一系列义务。

3. 税收当事人的法律责任。税收法律责任，是指税收法律关系主体因违反税法所应承担的法律后果，主要分为行政责任和刑事责任。区分行政责任和刑事责任的关键是要分清罪与非罪的界限，对于严重违反税收法规构成犯罪的税收当事人要追究刑事责任，包括三部分内容：一是逃避追缴欠税、偷税、抗税和骗取出口退税等直接妨害税收征收构成犯罪的法律责任；二是严重违反增值税专用发票及可用于退税、抵扣税款的其他发票的使用规定，构成犯罪的刑事责任；三是税务机关和其他当事人违反《征管法》应当承担的法律责任，具体内容主要体现在《征管法》的有关规定中。每一项税收犯罪又包括该罪的行为和该罪的处罚两方面。

关于税收当事人违反税法行为的法律责任界限，对教材作以下补充和归纳：

（1）欠税与逃避追缴欠税罪。欠税一般不构成犯罪。为预防和制止欠税，税法分三种不同的情况，规定了不同的处理方法：

① 纳税人确有特殊困难不能纳税的，经省、自治区、直辖市税务局批准，可延期纳税；

② 未按期纳税的，由税务机关责令限期缴纳；逾期仍未缴纳的，可依法采取强制执行措施，并加收滞纳金和罚款；

③ 对逃避追缴欠税的，才定罪追究刑事责任。

逃避追缴欠税，可视为“软抗税”。构成该罪同时要有三个要素：

① 有欠税事实，这是前提条件；

② 有实际的逃避行为，即有转移和隐匿财产的行为，这是该罪能否成立的关键；

③ 致使税务机关无法追缴，这是行为人的犯罪目的，也是该罪所要求的客观结果。

（2）偷税罪，在客观方面有三个内容：

① 违反税收法规，这是偷税罪成立的前提；

② 采取了欺骗、隐瞒等虚假手段，这是该罪的行为特征；

③ 不缴或少缴应纳税款，这是偷税行为的目的和结果。

其中，第②项是认定偷税行为罪与非罪、此罪与彼罪的关键。

（3）抗税罪，其行为包括两点：一是违反税收法规；二是使用暴力和威胁的方法。暴力是指对征税人员的人身或对征收机关的财产实行强制或打击，使之不能正常履行税收职责；威胁是对征税人员实行精神强制，使之不能正常履行征税职责。本罪侵犯的客体比较复杂，既侵犯了国家税收征管，又侵犯了公民人身、财产权利，而由于人身权利的不可量化性，使抗税罪不能截然地定出犯罪的数量标准。

（4）骗税与骗取出口退税罪。退税可分为两种：一般退税和出口退税。前者是指由于发生多征或误征，而须将多征的税款退还给纳税人的行为，以及采取先征后退的方式退还已纳的税款。但是，如果行为人以欺骗、隐瞒等手段骗取这种退税的，或者通过其他方式将已缴纳的税款诱骗回去的，则属于偷税性质，不是这里所说的骗取出口退税罪。这里仅指以假报、谎报出口产品等欺骗的手段骗取出口退税的行为。

（5）《刑法》列举的九项（不包括按盗窃和诈骗公私财物罪定罪处罚的犯罪）危害税收征管罪中，抗税犯罪的主体只能由自然人构成，法人只能构成其他危害税收征管罪。对法人构成犯罪的，采取双罚制，既要对法人判处罚金，还要对其直接负责的主管人员和其他责任人员，按危害税收征管罪的各项规定判处有期徒刑、拘役或管制。此外，还需注意两个方面：其一，偷税罪和逃避追缴欠税罪的犯罪主体只能由纳税人或扣缴义务人构成，而其他犯罪的主体，也可能是其他自然人或法人，甚至是税务机关或税务人员；其二，法人不能构成抗税罪，即便抗税是以法人行为的形式出现，也只能以自然人共同犯罪处理。

（6）《刑法》所列举的九项危害税收征管罪中，虚开增值税专用发票或用于骗取出口退税、抵扣税款的其他发票，以及伪造或出售伪造的增值税专用发票，数额特别巨大，情节特别严重，给国家利益造成特别重大损失或严重破坏经济秩序的，最重可判处死刑。但对法人犯有这两项罪行实行双罚制时，不对直接负责的主管人员和其他责任人员适用死刑。

（7）对危害税收征管罪，实行税务机关追缴优先的原则。即对偷税、抗税、逃避追缴欠税、骗取出口退税及虚开增值税专用发票或用于骗取出口退税、抵扣税款的其他发票的犯罪，被判处罚金、没收财产的，在执行前，应先由税务机关追缴税款和所骗取的出口退税款。

第二部分　内容提要

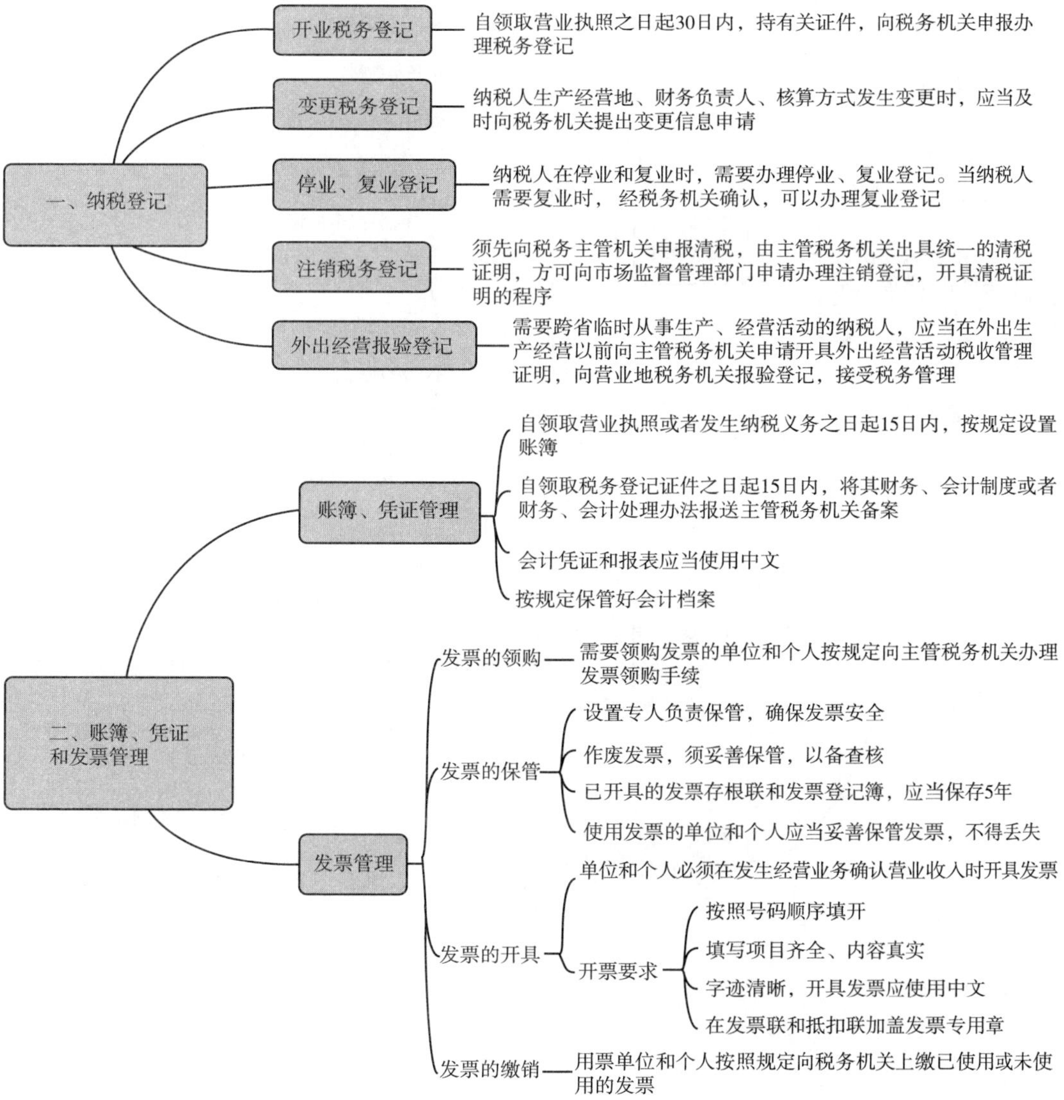

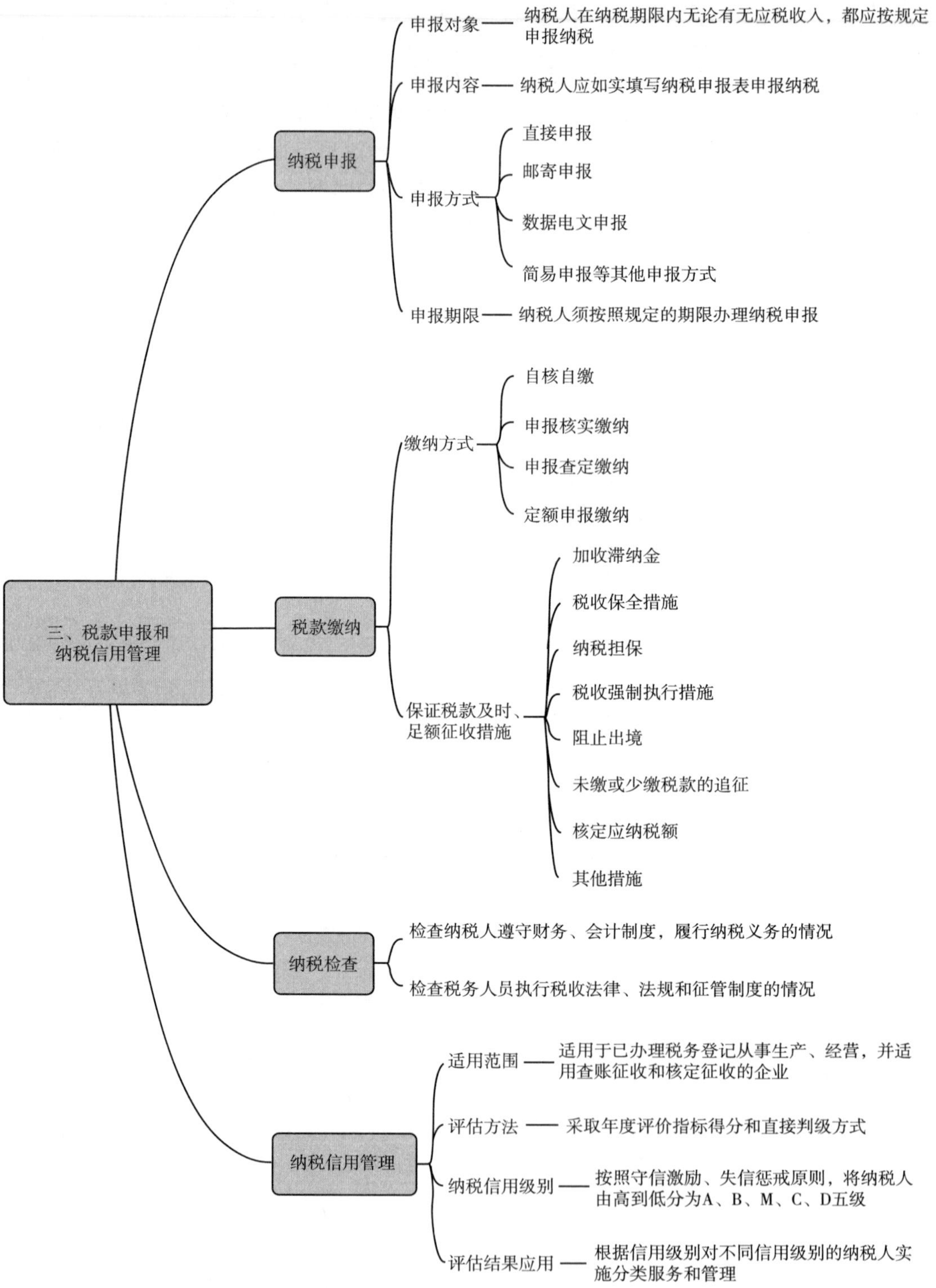
三、税款申报和纳税信用管理
纳税申报
申报对象
纳税人在纳税期限内无论有无应税收入，都应按规定申报纳税
申报内容
纳税人应如实填写纳税申报表申报纳税
申报方式
直接申报
邮寄申报
数据电文申报
简易申报等其他申报方式
申报期限
纳税人须按照规定的期限办理纳税申报
税款缴纳
缴纳方式
自核自缴
申报核实缴纳
申报查定缴纳
定额申报缴纳
保证税款及时、足额征收措施
加收滞纳金
税收保全措施
纳税担保
税收强制执行措施
阻止出境
未缴或少缴税款的追征
核定应纳税额
其他措施
纳税检查
检查纳税人遵守财务、会计制度，履行纳税义务的情况
检查税务人员执行税收法律、法规和征管制度的情况
纳税信用管理
适用范围
适用于已办理税务登记从事生产、经营，并适用查账征收和核定征收的企业
评估方法
采取年度评价指标得分和直接判级方式
纳税信用级别
按照守信激励、失信惩戒原则，将纳税人由高到低分为A、B、M、C、D五级
评估结果应用
根据信用级别对不同信用级别的纳税人实施分类服务和管理

- 四、税务代理
  - 税务代理人和税务代理机构
    - 税务代理人是指从事税务代理活动的专业技术人员
    - 税务代理机构是经批准设立的专门从事税务代理业务的社会中介服务组织
  - 业务范围
    - 税务代理人可以从事的业务代理范围包括10类
    - 税务代理人不能代理的税务事宜主要有3个方面
  - 代理人的权利
    - 有权在规定的业务范围内代理税务事宜
    - 依法独立、公正地执行税务代理业务
    - 查阅被代理人的账务、查看业务现场和设施
    - 拒绝被代理人违反国家法律的委托，并向有关部门报告
    - 向当地税务机关定购或查询税收政策、法律、法规和有关资料
    - 依法向税务机关申请行政复议或向人民法院起诉
  - 代理人的义务
    - 如实提供有关资料
    - 制止被代理人偷税、骗税的行为，并及时报告有关税务机关
    - 不得泄露因代理业务而得知的秘密
    - 建立税务代理档案并至少保存5年
  - 代理人的责任
    - 按照委托代理协议规定进行代理行为，如违反相关法律法规须承担相应的法律责任

- 五、税务行政复议
  - 复议范围
    - 确定哪些税务行政争议可以申请复议，具体包括12类行政行为
  - 复议管辖
    - 确定向谁提出复议申请，是对受理范围的具体化
  - 复议申请
    - 申请条件
      - 申请人认为税务机关的具体行政行为侵犯了其合法权益
      - 有明确的被申请人和复议对象
      - 属于申请复议的受案范围
      - 属于规定的复议机关管辖
      - 在提出复议申请前已履行相关法律责任
      - 复议申请是在法定期限内提出的
    - 申请方式
      - 可以书面申请，也可以口头申请
  - 复议受理
    - 复议机关收到行政复议申请后，应当在5日内进行审查，决定是否受理。对不符合规定的复议申请决定不予受理，并书面告知申请人
  - 复议决定及执行
    - 复议决定是复议机关通过对复议案件的审理所作的行政裁决，可以决定维持、决定履行等
    - 复议决定采用书面形式

- 六、税务行政诉讼
  - 受案范围
    - 当事人不服复议机关复议决定和裁决
    - 复议机关逾期不作出复议决定
    - 当事人可以直接提起行政诉讼的税务行政争议案件
  - 诉讼参加人
    - 原告
    - 被告
    - 共同诉讼
    - 第三人
    - 诉讼代理人
  - 诉讼时限
    - 对复议决定不服的，可在接到复议书之日起15日内提起诉讼
    - 复议申请未被受理的，可在收到不予受理裁决书之日起15日内提起诉讼
    - 对复议机关逾期作出复议决定的，可在复议期届满之日起15日内向法院提起诉讼
    - 其他的可在收到税务机关的有关通知之日起15日内直接向法院提起诉讼；没有通知的，可在知道具体行政行为之日起3个月内提起诉讼
  - 诉讼审理和判决
    - 人民法院对受理的税务行政诉讼案件，经过调查取证、开庭审理后，依法作出判决

- 七、纳税人的权利和义务
  - 纳税人的权利
    - 申请税收管理服务
    - 维护自身合法权益
    - 监督的权利，具体又包括14类权利内容
  - 纳税人的义务
    - 依法进行税务登记
    - 依法设置账簿、保管账簿和有关资料，以及依法开具、使用、取得和保管发票
    - 财务会计制度和会计核算软件备案
    - 按照规定安装、使用税控装置
    - 按时、如实申报
    - 代扣、代收税款
    - 接受依法检查
    - 及时提供信息
    - 报告其他纳税信息

- 八、税务机关的权利和义务
  - 税务机关的权利
    - 税收管理权
    - 税款征收权
    - 委托代征权
    - 税收保全与强制执行权
    - 批准减、免、退税和延期缴纳税款权
    - 税务检查权
    - 行政处罚权
    - 税务复议权和应诉权
  - 税务机关的义务
    - 正确贯彻、执行国家税收法律、法规和政策
    - 为被检查人员保守秘密
    - 依法办理税务登记，开具完税凭证
    - 依法征收税款，不得违法开征、停征、多征或少征税款
    - 受理纳税人申请的复议事项，并在规定期限内作出复议决定
    - 保护纳税人的合法权利
    - 国家规定的其他义务

- 九、税收当事人的法律责任
  - 纳税人、扣缴义务人的法律责任
    - 违反税务登记管理法规的法律责任 —— 责令改正，处以罚款；逾期不改，吊销营业执照
    - 违反账证管理及相关法规的法律责任 —— 责令改正，同时处以罚款
    - 违反发票管理法规的法律责任 —— 处以罚款，情节严重构成犯罪的，依法追究刑事责任
    - 不按期申报的法律责任 —— 责令改正，同时处以2 000元以下罚款，情节严重可处2 000元以上1万元以下罚款
    - 欠税的法律责任 —— 限期缴纳，逾期仍未缴纳，采取强制执行措施追缴，同时处以50%以上5倍以下罚款，构成犯罪的，依法追究刑事责任
    - 偷税的法律责任 —— 追缴税款、滞纳金，并处以罚款，构成犯罪的，依法追究刑事责任
    - 抗税的法律责任 —— 追缴拒缴的税款、滞纳金，并处罚款，同时依法追究刑事责任
    - 骗税的法律责任 —— 追缴其骗取的退税款，并处罚款，构成犯罪的，依法追究刑事责任
    - 虚开、伪造和非法出售增值税专用发票的法律责任 —— 处以罚金，依法追究刑事责任
  - 税务机关及税务人员的法律责任
    - 与纳税人、扣缴义务人勾结，发使或者协助纳税人、扣缴义务人进行违法操作构成犯罪的， 依法追究刑事责任，不构成犯罪的，依法给予行政处分
    - 利用职务上的便利，收受或者索取纳税人、扣缴义务人财物或者牟取其他不正当利益，构成犯罪的，依法追究刑事责任，不构成犯罪的，依法给予行政处分
    - 徇私舞弊或者玩忽职守等违反法律法规的行为，构成犯罪的，依法追究刑事责任，不构成犯罪的，依法给予行政处分
    - 滥用职权，故意刁难纳税人、扣缴义务人或对控告、检举税收违法违纪行为的纳税人、扣缴义务人以及其他检举人讲行打击报复的，依法给予行政处分，构成犯罪的，依法追究刑事责任
    - 违反法律法规提前征收、延缓征收、摊派税款或者擅自作出税收开征、停征，或者减税、免税、退税、补税的，依法给予行政处分
    - 未按规定为纳税人、扣缴义务人、检举人保密的，或未按规定进行回避承担的，依法给予行政处分
  - 其他当事人的法律责任
    - 纳税人、扣缴义务人的开户银行或者其他金融机构违反相关税收法规，造成税款流失的，由税务机关处以10万元以上50万元以下的罚款，对直接责任的主管人员处以1 000元以上1万元以下的罚款

第三部分　思考与练习

一、基本概念

1. 税务登记

2. 纳税申报

3. 税收保全措施

4. 税务代理

5. 税务行政复议

6. 税务行政诉讼

7. 必经复议

8. 选择复议

9. 偷税

10. 欠税

11. 抗税

12. 骗税

13. 骗取出口退税罪

14. 逃避追缴欠税罪

15. 虚开增值税专用发票罪

二、思考与讨论

1. 什么是税务登记？税务登记政策的现状怎样？

2. 税收保全措施与税收强制执行措施的关系如何？

3. 税务代理有什么意义？

4. 纳税人有哪些权利？

5. 公民为什么要履行纳税义务？

三、练习

（一）判断题

1. 办理纳税申报是纳税人履行纳税义务的第一步。（ ）

2. 生产、经营规模小确又无建账能力的个体工商户，可以不设置账簿。（ ）

3. 临时取得收入或发生纳税行为的纳税人，可以不办理税务登记，也不用进行纳税申报。（ ）

4. 纳税人无论有无应税收入、所得，还是是否依法享受减税、免税，都必须在规定期限内办理纳税申报。（ ）

5. 因税务机关的责任造成纳税人少缴税款的，税务机关在 1 年内可以追征，但不得加收滞纳金。（ ）

6. 发生税务争议后，纳税人可先经过复议，也可以直接向人民法院提起诉讼。（ ）

7. 纳税人确有困难不能按期纳税的，可以向税务机关申请减免税。（ ）

8. 纳税人的财务会计制度或财务会计处理方法与有关税法规定有抵触的，应按有关税法规定计算纳税。（ ）

9. 计算滞纳金时，其滞纳天数是指从税务机关依法确定的纳税人报缴税款期限届满的当天至实际缴纳税款的前一日止。（ ）

10. 从事生产、经营的纳税人到外县（市）进行生产、经营活动的，必须持所在地税务机关填发的外出经营活动税收管理证明，向营业地税务机关报验登记，接受税务管理。（ ）

11. 纳税人在办理纳税申报时，应当如实填写《纳税人首次办税补充信息表》。（ ）

12. 领购发票的单位和个人，可以外带、拆本、代开发票。（ ）

13. 从事生产、经营的纳税人，应当自领取税务登记证之日起 15 日内设置账簿。（ ）

14. 欠缴税款的纳税人需要出境的，应当在出境前向税务机关结清应纳税款或提供纳税担保，否则税务机关可通知出境管理单位阻止出境。（ ）

15. 国家行政机关也可作为纳税担保人。（ ）

16. 税务机关有权经县以上税务局长批准，凭全国统一格式的检查存款账户许可证明，查核从事生产、经营的纳税人、扣缴义务人在银行或其他金融机构的存款账户。（ ）

17. 使用过的发票存根一般保管期为 10 年。（ ）

18. 纳税人同税务机关在纳税事项上发生争议时，应先解缴税款及滞纳金，然后提出申请复议。（ ）

19. 税务师只有在加入税务代理机构后，才能从事税务代理业务。（ ）

20. 税务行政诉讼参加人是与税务行政争议有直接利害关系的当事人以及与当事人诉讼地位相等的人。（　）

21. 纳税人对税务机关做出的征税处罚不服的，须先经过税务行政复议，对复议决定不服的，可在接到复议决定书之日起 30 日内提起诉讼。（　）

22. 税务机关征收税款，税收优先于无担保债权、罚款、没收违法所得及抵押权、质押权、留置权执行，法律另有规定的除外。（　）

23. 欠缴税款的纳税人因怠于行使到期债权，或者放弃到期债权，或者无偿转让财产，或者以明显不合理的低价转让财产，无论受让人是否知道该情形，对国家税收造成损害的，税务机关均可以依照《民法典》的规定行使代位权、撤销权。（　）

24. 纳税人虽已销售货物，但无法收回货款，导致不能按期纳税的，可申请延期纳税。（　）

25. 纳税人发现超过应纳税额缴纳的各种税款，均可自结算缴纳税款之日起 3 年内，向税务机关提出书面申请，要求退还多缴税款。（　）

26. 纳税人多缴税款经审核批准后，税务机关应立即退还；也可以按照纳税人的要求，用以抵缴下期应纳税款。（　）

27. 纳税人偷税、抗税、骗取出口退税，未构成犯罪的，由税务机关对其追究行政责任；凡已构成犯罪的，一律由司法机关对其处以罚金、没收财产、判处徒刑，税务机关不再对其追究行政责任。（　）

28. 纳税人因偷税未缴或少缴的税款，税务机关可以无限期追缴。（　）

29. 抗税罪的主体只能由自然人构成，法人不构成抗税罪。（　）

30. 纳税人以假报出口和其他欺骗手段，只骗取所缴纳的税款的，也要按照骗取出口退税罪论处。（　）

31. 对法人犯有"危害税收征管罪"的实行"双罚制"，但在任何情况下，不对直接负责的主管人员和其他责任人员适用死刑。（　）

32. 扣缴义务人编造虚假计税依据的，由税务机关责令限期改正，并处 10 万元以下的罚款。（　）

33. 非法印制发票的，由税务机关销毁非法印制的发票，没收违法所得和作案工具，并处 2 000 元以上 5 000 元以下的罚款。（　）

（二）单项选择题

1. 对发票实行统一管理的部门是（　）。

A. 领购部门　　B. 使用部门

C. 保管部门　　D. 各级税务机关

2. 经批准可以不设置账簿或暂缓建账的个体工商户税款缴纳方式是（　）。

A. 自核自缴　　B. 早报核实

C. 定期定额　　D. 申报查定

3. 下列不能作为纳税担保人的是（　）。

A. 公民　　B. 法人

C. 国家机关　　D. 其他经济组织

4. 税收强制执行措施所扣缴或抵缴税款，不包括（　　）。

A. 应缴税款　　B. 滞纳金

C. 税款的正常延纳　　D. 罚款

5. 在规定的纳税期限之前，税务机关有根据认为从事生产经营的纳税人有逃避纳税义务行为的，税务机关可采取的措施是（　　）。

A. 责令限期缴纳　　B. 责成纳税人提供纳税担保

C. 通知纳税人开户银行扣缴税款　　D. 扣押纳税人的财产

6. 滞纳金是按滞纳日数和滞纳税款的一定比例加收的，该比例为（　　）。

A. 5%　　B. 0.5‰

C. 2%　　D. 2‰

7. 纳税人经税务机关批准延期缴纳税款的，在批准的期限内（　　）。

A. 应加收滞纳金　　B. 不收滞纳金

C. 应收利息　　D. 不收利息

8. 纳税人因有特殊困难，不能按期缴纳税款的，经（　　）批准，可以延期缴纳税款。

A. 国家税务总局

B. 省、自治区、直辖市国家税务局、地方税务局

C. 市（地区）、自治州国家税务局、地方税务局

D. 县（市）、自治县国家税务局、地方税务局

9. （　　）是税收征管活动的开始。

A. 办理涉税信息补充采集　　B. 纳税申报

C. 税款征收　　D. 凭证管理

10. 纳税人如遇特殊困难不能按期缴纳税款的，经批准可以延期缴纳，但最长不得超过（　　）。

A. 1个月　　B. 2个月

C. 3个月　　D. 4个月

11. 偷税数额不满1万元或者偷税数额占应纳税额不到10%的，由税务机关追缴其所偷税款，并处以偷税数额（　　）罚款。

A. 1倍以下　　B. 3倍以下

C. 5倍以下　　D. 7倍以下

12. 某市的区国税局委托某市场监管所代征税款，纳税人对市场监管所的代征行为不服的，可向（　　）申请复议。

A. 区市场监督管理局　　B. 区国税局

C. 区人民法院　　D. 市国税局

（三）多项选择题

1. 下列属于未按规定开具发票的行为是（　　）。

A. 应开具而未开具发票　　B. 私售、倒买倒卖发票

C. 大小写金额不一致　　D. 涂改发票

E. 填写项目不齐全、开具票物不符的发票

2. 在纳税期限内，纳税人必须向主管税务机关办理纳税申报的有（　　）。

A. 有应税收入
B. 有应税所得
C. 无应税收入、所得
D. 临时取得应税收入
E. 在减免税期间

3. 纳税申报的方式有（　　）。

A. 直接申报
B. 邮寄申报
C. 汇总申报
D. 代理申报
E. 电子申报

4. 税款的缴纳方式有（　　）。

A. 自核自缴
B. 申报核实缴纳
C. 申报查定缴纳
D. 定额申报缴纳

5. 税务机关有权核定纳税人应纳税额的情形有（　　）。

A. 依照规定可以不设置账簿的
B. 依照规定应当设置，但未设置账簿的
C. 虽设有账簿，但账目混乱，难以查账的
D. 虽设有账簿，但成本资料、收入凭证等残缺不全，难以查账的
E. 不听劝告，逾期仍不申报的

6. 税务检查权具体包括（　　）。

A. 查账权和询问权
B. 场地检查权
C. 责成提供资料权
D. 在交通要道查证权
E. 存款账户核查权

7. 税务机关保证税款及时、足额征收的措施有（　　）。

A. 加收滞纳金
B. 税收保全措施
C. 纳税担保
D. 税收强制执行措施
E. 定期定额征收

8. 纳税人办理纳税申报时，应当如实填写纳税申报表，并根据不同情况相应报送有关证件、资料，具体包括（　　）。

A. 财务、会计报表及说明材料
B. 与纳税有关的合同、协议书
C. 外出经营活动税收管理证明
D. 境内或境外公正机构出具的有关证明文件
E. 税务机关规定应当报送的其他有关证件、资料

9. 税务机关对从事生产经营的纳税人可以采取的税收保全措施有（　　）。

A. 书面通知纳税人开户银行或者其他金融机构暂停支付纳税人的金额相当于应纳税款的存款
B. 扣押、查封纳税人的价值相当于应纳税款的商品、货物或其他财产
C. 书面通知纳税人开户银行或其他金融机构从其存款中扣缴税款
D. 预先征收税款
E. 扣押、查封、拍卖纳税人的价值相当于应纳税款的商品、货物或其他财产，以拍

卖所得抵缴税款

10. 纳税人对主管税务机关做出的（　　）决定不服，必须先经税务行政复议。

A. 审批减免税

B. 征收税款

C. 拒绝发给税务登记证

D. 通知纳税人开户银行暂停支付部分存款

E. 不予审批减免税或出口退税

11. 纳税人可直接向人民法院提起税务行政诉讼的税务争议事件包括（　　）。

A. 对出口退税不服

B. 对征税违章罚款不服

C. 对税务机关侵犯经营自主权的行为

D. 对税务机关拒绝颁发或发售外销证或发票的行为

E. 税务机关做出的取消增值税一般纳税人资格的行为

12. 纳税人的下列行为，已构成偷税罪的是（　　）。

A. 偷税数额占应纳税额 10% 以上的

B. 偷税数额在 1 万元以上的

C. 偷税数额占应纳税额 10% 以上，并且偷税数额在 1 万元以上的

D. 因偷税被税务机关给予两次行政处罚又偷税的

13. 纳税人偷税所采取的手段有（　　）。

A. 伪造记账凭证

B. 擅自销毁账簿

C. 进行虚假的纳税申报

D. 税务机关通知申报而拒不申报

E. 在账簿上多列支出或不列、少列收入

14. 下列行为中，属于虚开增值税专用发票的是（　　）。

A. 没有销售货物，而开具增值税专用发票给他人，以换取其他利益

B. 没有购进货物，而通过支付一定的手续费，指使他人为自己填开增值税专用发票

C. 介绍他人为另一单位开具增值税专用发票，收取一定的“中介费”

D. 开具的增值税专用发票注明的金额小于实际销货金额

E. 没有购进货物，而虚拟一个供货单位，自己为自己开具增值税专用发票

15. 违反法律、行政法规规定（　　）的，由其上级机关或者行政监察机关责令改正，对直接负责的主管人员和其他直接责任人员依法给予行政处分。

A. 提前征收

B. 加成征收

C. 延缓征收

D. 减免征收

E. 摊派税款

16. 扣缴义务人采取（　　）账簿、记账凭证的手段，不缴或少缴已扣、已收税款，由税务机关追缴其不缴或者少缴的税款、滞纳金，并处不缴或者少缴的税款 50% 以上 5 倍以下罚款。

A. 伪造

B. 变造

C. 转让

D. 隐匿

E. 擅自销毁

（四）计算题

某公司地处城市市区，6 月应依法缴纳增值税 35 万元、消费税 15 万元，增值税、消费税滞纳 10 天。

要求：计算该公司应交滞纳金。

（五）综合分析题

1. 一私营企业主经营木材生意，经认定逃税后，税务机关限其 15 天内纳税。在这期间，该业主为了达到少纳税的目的，将一部分木材暂移入农村亲戚家隐藏后被人告发。

分析：在这种情况下，税务机关应采取何种措施处置？（要求：提出处理的依据和处理的主要方法。）

2. 某家具厂系小规模纳税人。3 月 1 日下午，该厂厂长到主管税务机关递交了一份当日上午丢失一本普通发票的报告，并在该市报纸上公开声明作废。对此，主管税务机关并未发表任何意见，也未作任何处理。同年 5 月初，主管税务机关在对另一纳税单位进行检查时，发现有一张购货发票是该厂开出的，对照发票号码，这是该厂声明作废的。经税务机关反复核对证实，该厂 3 月至 5 月的多笔生意都是用“丢失发票”开出的，开出的总金额为 10 万元，均未申报缴纳增值税。

分析：依据《税收征管法》等有关法规，分析该厂的上述行为属于什么行为？应如何处理？并指出税务机关的做法有无错误，如有错，错在哪里？对纳税人怎样处理才是正确的？

3. 某商贸公司开业即办理了营业执照和涉税信息补充采集，两个月后的一天，收到主管税务机关发来的一份税务处理通知书，称该公司未按规定期限办理纳税申报（每月1至10号为申报期限），并处罚款。公司经理胡某对此很不理解，到税务机关申辩，称本公司虽已开业两个月，但尚未做成一笔生意，没有收入又如何办理纳税申报？

分析：该公司的做法有无错误？为什么？如有错误，又该如何定性处理？

4. 税务机关在对某企业进行发票检查时，发现如下问题：

（1）单联填开，各联次的金额不一致；

（2）白条入账；

（3）普通发票丢失；

（4）将发票借给其他单位使用。

分析：根据《中华人民共和国发票管理办法》规定，应当如何处理？